Bernhard Weisgerber, Stephan Merten
Lena Heiliger, Annette Kroschewski, Georg Reffgen

Studio Deutsch

Ein Sprachkurs für Jugendliche

Lehrbuch 1

DÜRR & KESSLER
RHEINBREITBACH

Studio Deutsch
Ein Sprachkurs für Jugendliche
Lehrbuch 1

herausgegeben von
Bernhard Weisgerber, Stephan Merten

erarbeitet von
Lena Heiliger, Annette Kroschewski, Stephan Merten,
Georg Reffgen, Bernhard Weisgerber

und Mitwirkung von
Rüdiger Urbanek

Zum Sprachkurs gehören:

Lehrbuch 1	3-8018-**5100-1**
Arbeitsheft 1	3-8018-**5101-X**
Tonkassette 1	3-8018-**5102-8**
Lehrerkommentar	3-8018-**5103-6**

(Sprachkurs 2 und 3 in Vorbereitung)

Das Schülerbuch wurde auf umweltfreundlichem,
garantiert chlorfreiem Papier gedruckt.

1992

Illustration: Horst Krückemeier, Bielefeld

ISBN 3-8018-**5100-1**

Inhalt

1 GUTEN TAG!

Da ist Catherine!
Wo?
Na, da!

Und ich bin Daffi!

Bist du Catherine aus Paris?
Je suis Catherine. Es-tu Eva?
Ja, ich bin Eva.
Und das ist mein Bruder Thomas.
Guten Tag, Catherine!
Guten Tag, Thomas!

Bonjour, Puce!

Das ist Vater

Eva:	Papa, das ist Catherine.
Vater:	Du bist also Catherine, guten Tag.
Catherine:	*Bonjour* – äh – guten Tag, Herr Schulte.
Vater:	Kommt, wir fahren. Du kannst vorn sitzen, Catherine.
Catherine:	Ja, gern.
Thomas:	Ich will vorn sitzen.
Eva:	Nein, Thomas, komm, wir sitzen hinten.

Was ist das?

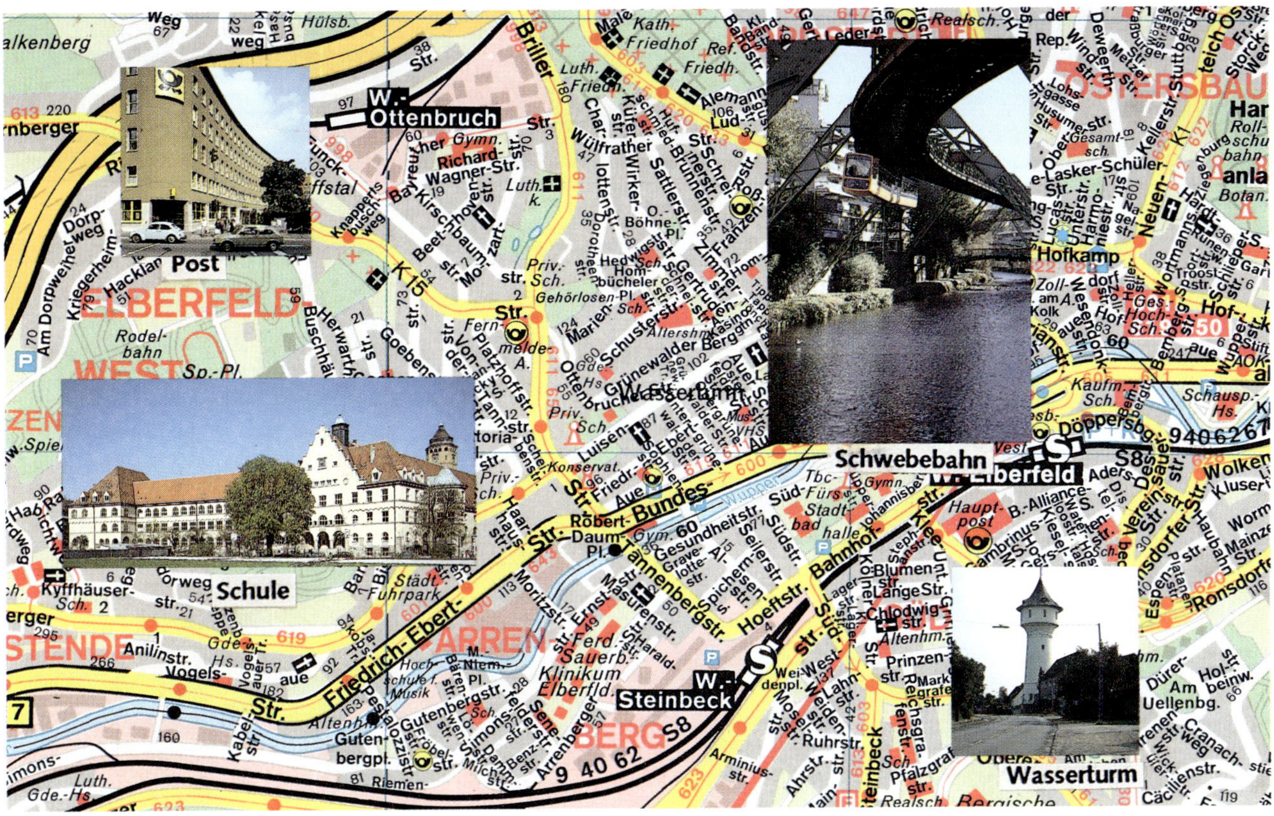

Catherine:	Was ist das da?
Vater:	Das ist unsere Schwebebahn.
Catherine:	Und was ist das?
Thomas:	Das ist der Turm von Pisa.
Eva:	Nein, Thomas, das ist doch der Wasserturm. Und da kommt unsere Schule.
Vater:	Und da ist die Post.
Thomas:	Und da ist Grün. Fahr doch, Papa!

2 ZU HAUSE

Unser Haus

willkommen
welcome
bienvenu
benvenuto
bienvenido
желанный

Ich	**bin**	Eva.
Du	**bist**	Catherine.
Es	**ist**	unser Haus.
Wir	**sind**	zu Hause.
Ihr	**seid**	wieder da.
Sie	**sind**	in Wuppertal.

Ein Zimmer für Catherine

1. **der** Tisch
2. **der** Stuhl
3. **der** Sessel
4. **der** Schrank
5. **die** Tür
6. **die** Rose
7. **das** Fenster

der → ein
die → eine
das → ein

Das ist	ein	Tisch.
Das ist		Stuhl.
Das ist		Sessel.
Das ist		Schrank.
Das ist	eine	Tür.
Das ist		Rose.
Das ist		Fenster.

groß

klein

Wohin damit?

(1) der / ein Koffer
die Koffer

(2) der / ein Mantel
die Mäntel

(3) die / eine Bluse
die Blusen

(4) das / ein Kleid
die Kleider

(5) das / ein Foto
die Fotos

Catherine packt den Koffer aus.

Eva: Wohin soll ich deinen Mantel hängen?
Catherine: Häng den Mantel in den Schrank!

Eva hängt den Mantel in den Schrank.

Eva: Wohin soll ich deine Bluse hängen?
Catherine: Häng die Bluse auch in den Schrank!

Eva hängt die Bluse auch in den Schrank.

Eva: Wohin soll ich dein Kleid legen?
Catherine: Leg das Kleid auf den Sessel!

Eva legt das Kleid auf den Sessel.

Eva: Wohin soll ich das Foto stellen?
Catherine: Stell das Foto auf den Tisch!

Eva stellt das Foto auf den Tisch.

Wohin kommt
der Mantel
die Bluse
das Kleid
das Foto?

Der Mantel kommt in den Schrank.

Die Bluse kommt ...

Das Kleid ...

Die Mäntel kommen in den Schrank.

Die Blusen ...

Die Kleider ...

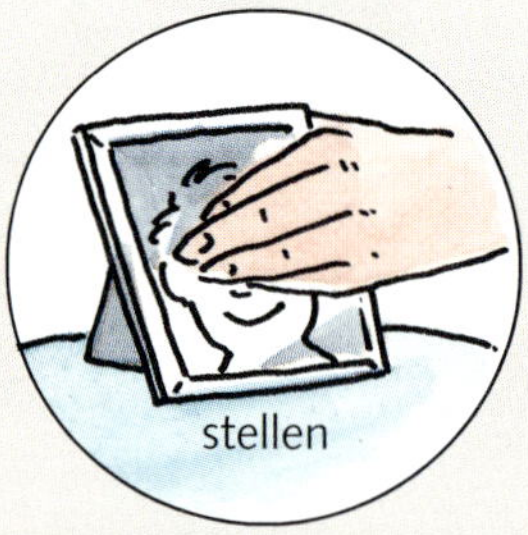

Mein Freund und mein Kuscheltier

Wer ist das?

Das ist
mein Freund
meine Freundin
mein Vater
meine Mutter
mein Bruder
meine Schwester.

Was ist das?

Das ist
mein Kuscheltier
mein Koffer
meine Bluse.
…

Thomas:	Wer ist denn der Junge auf dem Foto?
Catherine:	Das ist mein Freund. Er heißt Pierre.
Thomas:	Der ist aber klein!
Eva:	Da ist ja noch etwas im Koffer! Was ist das?
Catherine:	Das ist mein … *comment dit-on* … wie sagt man … wie heißt das auf deutsch?
Thomas:	Das ist ja ein Kuscheltier!
Catherine:	*Oui,* ja, das ist mein Kuscheltier.
Eva:	Und wie heißt dein Kuscheltier?
Catherine:	Das heißt Molli.
Thomas:	Molli? Das ist doch deutsch!

Wie heißt
dein Freund
deine Freundin
dein Kuscheltier?

Mein Freund heißt …

der Junge
die Jungen

das Foto
die Fotos

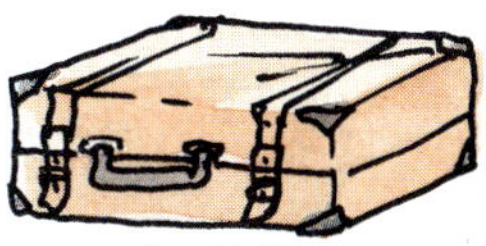
der Koffer
die Koffer

das Kuscheltier
die Kuscheltiere

3 AM ABEND

Es ist sieben Uhr.
Es ist acht Uhr.
Es ist neun Uhr.
Es ist zehn Uhr.

Es ist elf Uhr.
Es ist zwölf Uhr.
Es ist ein Uhr.
Es ist zwei Uhr.

Es ist drei Uhr.
Es ist vier Uhr.
Es ist fünf Uhr.
Es ist sechs Uhr.

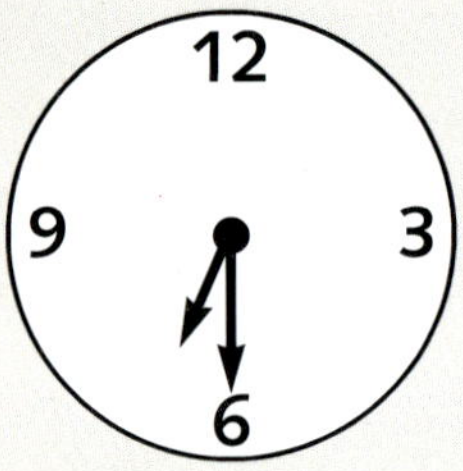

Es ist halb sieben.
Es ist halb acht.
Es ist halb neun.
Es ist halb zehn.
↓
Es ist halb ein**s**.
Es ist halb zwei.

Es ist Viertel vor sieben.
Es ist Viertel vor acht.
Es ist Viertel vor neun.
Es ist Viertel vor zehn.
↓
Es ist Viertel vor ein**s**.
Es ist Viertel vor zwei.

Kommt essen!

Catherine:	Guten Abend, Thomas.
Thomas:	Ich habe Hunger!
Eva:	Du hast immer Hunger!
Thomas:	Catherine hat bestimmt auch Hunger.
Eva:	Hast du Hunger, Catherine?
Catherine:	Ja, ich habe auch Hunger!
Thomas:	Komm, dann gehen wir essen!
Eva:	Was gibt es denn?
Thomas:	Spaghetti!
Eva:	Magst du Spaghetti, Catherine?
Catherine:	Ja, sehr gerne!
Thomas:	Wieviel Uhr ist es?
Catherine:	Es ist sieben Uhr.
Eva:	Oh, dann kommt! Mutter wartet schon.

Wieviel Uhr ist es?

Es ist Viertel nach sieben.
Es ist Viertel nach acht.
Es ist Viertel nach neun.
Es ist Viertel nach zehn.
↓
Es ist Viertel nach ein**s**.
Es ist Viertel nach zwei.

Wo sitzt Puce?

Eva: Die Teller sind hier im Schrank. Ich stelle die Gläser auf den Tisch. Holst du die Teller?

Catherine: Bitte, wo sind die Teller?

Eva: Ja, da im Schrank. Wir brauchen fünf Teller.

Catherine: Wo soll ich sitzen?

Eva: Du kannst da sitzen.

hier

da

Catherine: Wo sitzt dein Bruder?

Eva: Hier.

Catherine: Gut. Wo sitzt Puce?

Eva: Puce sitzt am Fenster.

das Glas
die Gläser

der Teller
die Teller

das Fenster
die Fenster

Ich	**habe**	Hunger.	Ich	**habe**	Durst.
Du	**hast**	Hunger.	Du	**hast**	Durst.
Er, sie, es	**hat**	Hunger.	Er, sie, es	**hat**	Durst.
Wir	**haben**	Hunger.	Wir	**haben**	Durst.
Ihr	**habt**	Hunger.	Ihr	**habt**	Durst.
Sie	**haben**	Hunger.	Sie	**haben**	Durst.

sitzen

holen

3 AM ABEND

gut

schlecht

essen

gehen

kommen

Möchtest du noch Cola?
Ja, bitte.

Möchtest du noch Spaghetti?
Nein, danke.

Möchtest du noch etwas essen?
Nein, danke.

Möchtest du noch etwas trinken?
Ja, bitte.

Möchtest du jetzt gehen?
Ja, bitte.

Vater:	Möchtest du noch Spaghetti, Catherine?
Catherine:	Nein, danke.
Mutter:	Möchtest du noch Cola?
Catherine:	Ja, bitte.
Eva:	Wo ist die Cola?
Vater:	Hier auf dem Stuhl.
Mutter:	Wo ist Puce?
Eva:	Da auf dem Sessel.
Mutter:	Puce, komm!
Thomas:	Die Spaghetti sind gut.
Catherine:	Ja, sie sind sehr gut.

Gute Nacht!

Eva:	Bist du müde?
Catherine:	Ja! Wann beginnt morgen die Schule?
Eva:	Um acht Uhr.
Catherine:	Wieviel Uhr ist es jetzt?
Eva:	Es ist zehn Uhr. Erzähle mir noch etwas von Frankreich.
Catherine:	Was soll ich erzählen?
Eva:	Erzähle von Paris! Wie ist Paris?
Catherine:	Paris ist sehr groß. Aber das kann ich nicht erzählen. Du mußt es sehen.
Eva:	Aber wann?
Catherine:	In den Sommerferien kannst du nach Paris kommen. Du kannst bei uns wohnen. Ich lade dich ein.
Eva:	Ach, da kommt Thomas.
Thomas:	Morgen zeige ich Catherine Wuppertal.
Eva:	Morgen zeigen wir Catherine die Schule.
Thomas:	Na, gut. Gute Nacht!
Eva und Catherine:	Gute Nacht!

Bist du müde?
Ich bin **sehr** müde.

Ist Paris groß?
Paris ist **sehr** groß.

Ist Pierre klein?
Pierre ist **sehr** klein.

STUNDENPLAN

Zeit	Montag	Dienstag	Mittwoch	Donnerstag	Freitag	Samstag
1. Std.	Musik	chemie	Deutsch	Mathe	Französisch	Englisch
2. Std.	Deutsch	"	Musik	Englisch	Englisch	"
3. Std.	Religion	Deutsch	Mathe	Religion	Sport	Französich
4. Std.	Englisch	Erdkunde	Französisch	Deutsch	Mathe	"
5. Std.	Mathe	Geschichte	Sport	Geschi	Erdkunde	
6. Std.	Biologie	Kunst	"	Bio	Kunst	
						(jede
						2. Woche!)

der Tag
die Tage

der Vormittag
die Vormittage

der Nachmittag
die Nachmittage

die Stunde
die Stunden

Eva: Das ist unser Stundenplan.
An jedem Tag haben wir sechs Stunden.

Catherine: Sehr schön. Oder wie sagt ihr?

Eva: Wir sagen: Das ist toll. Aber das ist gar nicht toll.

Catherine: Doch, es ist toll.
Ihr müßt am Nachmittag nicht in die Schule.

Eva: Müßt **ihr** denn am Nachmittag in die Schule?

Catherine: Ja, nur am Mittwoch nicht.
Aber ihr habt jeden Nachmittag frei.
Das ist doch toll.

Eva: Nein, so toll ist das auch nicht.
Da müssen wir doch die blöden Hausaufgaben machen.

Habulibadobel

Eva: Da kommt mein Freund Martin.
Hallo, Martin!

Martin: Hallo, Eva!

Eva: Das ist meine Freundin Catherine.
Sie kommt aus Paris.

Catherine: Guten Morgen, Martin!

Martin: *Good morning, Catherine!*

Eva: Aber Martin, sie kommt aus Paris,
nicht aus London!

Martin: Kommt Catherine in unsere Klasse?

Eva: Ja.

Martin: Kann sie genug Deutsch?

Eva: Frag sie doch?

Martin: Kannst du alles auf deutsch verstehen, Catherine?

Catherine: Ich weiß nicht.

Martin: Ich sage: Habulibadobel. Kannst du das verstehen?

Catherine: Nein, das verstehe ich nicht.

Eva: Das kannst du auch nicht verstehen.
Habulibadobel ist gar kein Deutsch.

Guten Morgen!
Good morning!

Guten Tag!
Bonjour!

Guten Abend!
Good evening!
Bonsoir!

Gute Nacht!
Good night!
Bonne nuit!

4 SCHULE

London - Paris - Wuppertal

Andreas:	Hallo, Eva!
Eva:	Hallo, Andreas! Das ist meine Freundin Catherine.
Andreas:	Du bist also die Catherine aus Paris. Da kommt mein Freund John. Er ist aus England.
John:	Ja, ich komme aus London.
Catherine:	Und ich aus Paris.
John:	London ist größer!
Catherine:	Paris ist schöner!
John:	Habt ihr einen Tower?
Catherine:	Habt ihr einen Eiffelturm?
Martin:	Ja, ja, schon gut, Paris hat den Eiffelturm und London den Tower, aber Wuppertal ... Wuppertal schwebt über allem. Wuppertal hat die Schwebebahn.

Thomas:	Jetzt kenne ich zwei spanische, drei türkische und zwei italienische Schüler in unserer Schule und nun noch einen Engländer und einen Franzosen.
Catherine:	Falsch!
Thomas:	Wieso falsch?
Catherine:	Einen Engländer und eine Französin.

Aus England kommt

eine Engländerin
ein Engländer

Aus Frankreich kommt

eine Französin
ein Franzose

Aus Italien kommt

eine Italienerin
ein Italiener

Aus Spanien kommt

...
...

Aus der Türkei kommt

...
...

Aus Deutschland kommt

eine Deutsche
ein Deutscher

Zahlen

Catherine: In Mathematik verstehe ich nichts.

Eva: Was kannst du denn?

Catherine: Ich kann zählen: eins, zwei, drei, vier, fünf, sechs, sieben, acht, neun, zehn, elf, zwölf, dreizehn, vierzehn , fünfzehn, sechzehn, zehnsieben, zehnacht, zehnneun, zwanzig, zwanzigundeins ...

Eva: Nein, falsch, falsch!

Catherine: Was ist falsch?

Martin: Es heißt nicht: zehnsieben oder zehnacht.
Es heißt: siebzehn und achtzehn und neunzehn.
Es heißt auch nicht zwanzigundeins.
Es heißt einundzwanzig.

Catherine: Oh nein, ich muß noch viel lernen. Aber gleich!

Martin: Was ist gleich?

Eva: Ich weiß. Gleich haben wir Französisch.

Catherine: Ja, da kann ich mehr als der Lehrer.

1	eins
.	
.	
10	zehn
11	elf
12	zwölf
13	dreizehn
.	
.	
17	siebzehn
18	achtzehn
19	neunzehn
20	zwanzig
21	einundzwanzig
.	
.	
30	dreißig
31	einunddreißig
.	
.	
.	
.	
40	vierzig
.	
50	fünfzig
.	
60	sechzig
.	
70	siebzig
.	
80	achtzig
.	
90	neunzig
.	
100	hundert
101	hunderteins
.	
110	hundertzehn
.	
.	
200	zweihundert
.	
.	
.	
.	
1000	tausend

5 DIE PARTY

helfen

schreiben

einkaufen

Was sollen wir essen?

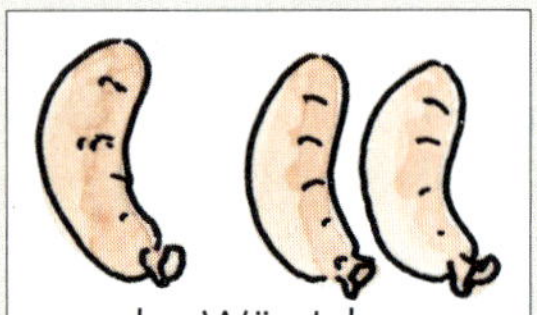
das Würstchen
die Würstchen

Was möchtest du denn gern essen?

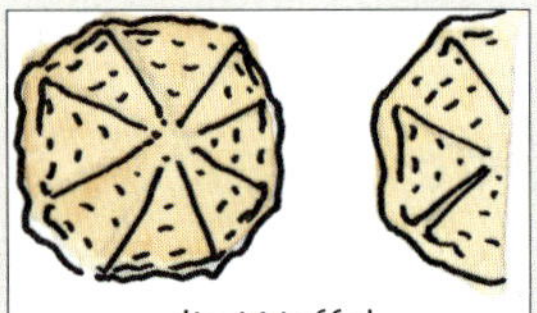
die Waffel
die Waffeln

Eva: Heute nachmittag geben wir eine Willkommensparty für dich, Catherine.

Thomas: Ich habe schon alles vorbereitet.

Eva: Alles?

Thomas: Na ja, ich habe die Einladungskarten geschrieben.

Eva: Na, das ist ja schon etwas. Und was sollen wir essen?

Thomas: Oh, Würstchen, Spaghetti, Waffeln ...

Eva: Wer soll das denn alles machen?

Thomas: Du natürlich. Du bist ja das Mädchen.

Eva: Nichts da. Du hilfst mit.

Thomas: Ja, beim Essen!

Eva: Und beim Einkaufen. Kommt, wir gehen in den Supermarkt!

Ich	**habe**	alles	**vorbereitet**.
Du	**hast**	die Einladungskarten	**geschrieben**.
Sie	**hat**	Waffeln	**gegessen**.
Wir	**haben**	Spaghetti	**eingekauft**.
Ihr	**habt**	die Cola	**geholt**.
Sie	**haben**	nichts	**vergessen**.

Magst du Waffeln?

Eva: Catherine, was möchtest du gern essen? Magst du Waffeln?

Thomas: Oh ja, mit Kirschen und Sahne!

Eva: Dich habe ich nicht gefragt, Thomas.

Catherine: Waffeln habe ich noch nicht gegessen, aber ich möchte sie gern probieren.

Thomas: Toll! Dann machen wir eine Waffel-Willkommensparty!

Eva: Wir brauchen also ...

Eva: Thomas, holst du bitte die Sahne?

Thomas: Die hat doch Catherine schon geholt. Hast du das nicht gesehen?

Eva: Nein. Ich habe nämlich schon die Cola und die Kirschen geholt. Und ich habe alles allein getragen.

Thomas: Ich trage doch den Einkaufszettel. Haben wir auch nichts vergessen?

Eva: Nein. Kommt jetzt. Es ist schon zehn nach elf ...

Thomas: ... und ihr müßt ... äh ... wir müssen noch viel vorbereiten.

Holst du bitte die Sahne?
Hol doch bitte die Cola!
Kannst du schon mal die Butter holen?
Hast du schon die Kirschen **geholt**?

Hast du nichts **vergessen**?

der Einkaufszettel
die Einkaufszettel

probieren

Magst du Waffeln?

- Ja, sehr gern!
- Nein, nicht so gern.
- Waffeln habe ich noch nicht probiert.

10 nach 11
(11.10 Uhr)
„Es ist zehn nach elf."

nichts hören

nichts sehen

nichts sagen

Eva:	Thomas, wo sind die Kirschen?
Thomas:	Hier. Ich habe sie schon ausgepackt.
Eva:	Ist das etwa alles? Ich habe den Teig für die Waffeln gemacht. Dann habe ich alles gespült. Catherine hat die Gläser geholt und auf den Tisch gestellt. Und was hast du gemacht?
Thomas:	Du hast mal wieder nichts gesehen und nichts gehört. Ich habe das Willkommensschild aufgehängt. Ist das etwa nichts? Und dann habe ich noch die Sahne geschlagen.
Eva:	Na, hoffentlich ist noch etwas übrig.

Jetzt geht's los!

(15.40 Uhr)
„Es ist zwanzig vor vier."

Thomas: Es ist schon zwanzig vor vier.
Können wir jetzt anfangen?

Eva: John ist noch nicht da.
Aber du kannst ja schon die Waffeln backen.

Thomas: Gut. Ich bin ja auch der beste Waffelbäcker.

Sabine: Oder der beste Waffelesser!

Catherine: Da ist John!

John: Hallo!

Martin: Wo bist du denn gewesen?
Es ist schon fünf vor vier.

John: Ich weiß, aber ich habe für Catherine
eine Überraschung mitgebracht.

Catherine: Eine Überraschung?

John: Ja, ich habe ein Lied für dich geschrieben.

Thomas: Auch das noch ...

Martin: Aber was riecht denn hier so?

Eva: Thomas, hast du nicht etwas vergessen?

(15.55 Uhr)
„Es ist fünf vor vier."

Willkommenslied

die Überraschung
die Überraschungen

Was soll ich anziehen?

das T-Shirt
die T-Shirts

das Bad
die Bäder

schön

häßlich

weit

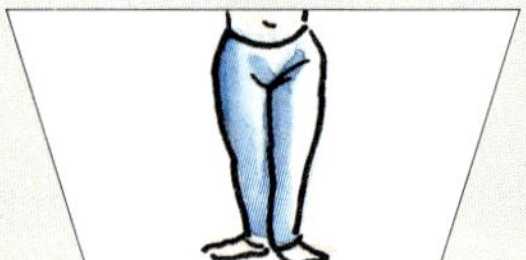
eng

Eva: Heute gehen wir zu meiner Freundin Anna.

Catherine: Komm, wir machen uns schön! Ich ziehe mein gelbes Kleid an.

Eva: Und was soll ich anziehen? Du bist so hübsch, aber ich gefalle mir nicht.

Catherine: Ja, deine Sachen passen dir nicht. Die Jeans sind zu weit, und das T-Shirt ist zu eng!

Eva: Catherine, kann ich etwas von dir haben?

Catherine: Ja, gern!

Eva: Toll, die engen Jeans!

Catherine: Und jetzt noch die rote Bluse. Na, du bist doch auch hübsch!

Eva: Komm, wir gehen ins Bad! Wo ist Thomas? Hoffentlich nicht im Bad. Das dauert dann wieder Stunden!

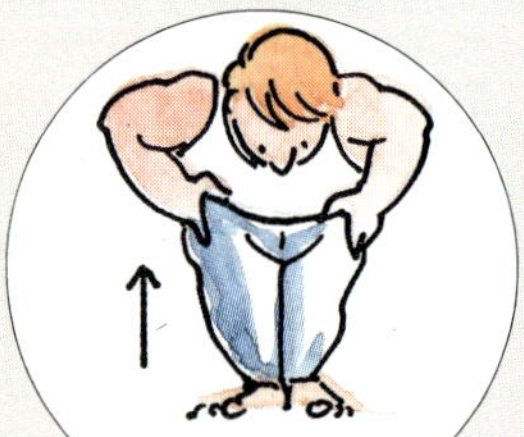
anziehen

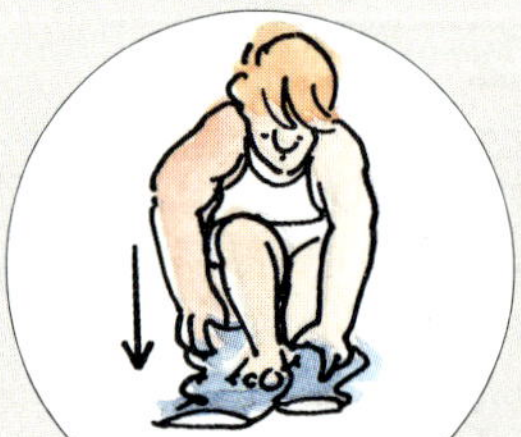
ausziehen

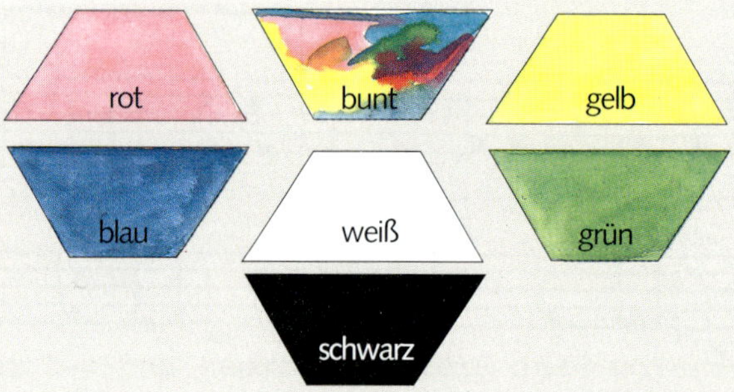

Kurze Röcke

Oma hat Eva 100,- DM geschenkt. Die Mädchen gehen in die Stadt einkaufen.

Eva: Das blaue Kleid da! Toll!

Catherine: Und die grünen Pullis!

Eva: Ich möchte gern das weiße T-Shirt. Eine Jeans brauche ich auch noch!

Catherine: Immer trägst du Hosen! Probier doch mal den kurzen Rock hier.

Eva: Na, ich weiß nicht ...

Catherine: Doch, komm!

Eva: Wie gefalle ich dir?

Catherine: Sehr gut. Nur ein Tip: Du mußt dir noch die Beinhaare rasieren.

Eva: Iiih! Was? Wir sind doch nicht in Paris!

Ich suche den kurzen Rock.
Da sind die kurzen Röcke!

Wo ist der gelbe Pullover?
Hier sind die gelben Pullover!

Wo ist die weiße Bluse?
Hier sind die weißen Blusen!

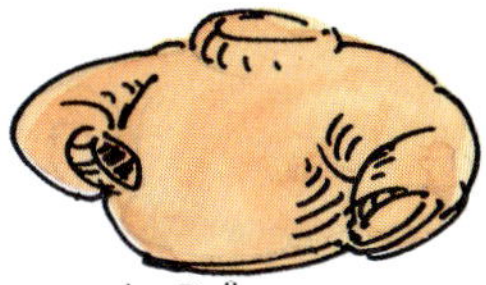

der Pullover
die Pullover

der Rock
die Röcke

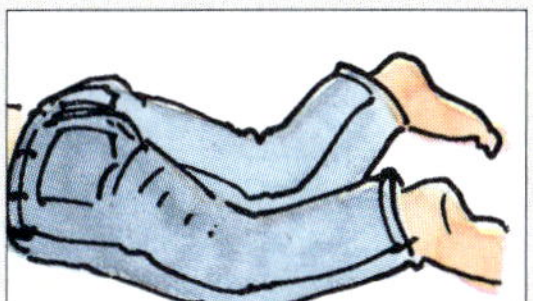

die Hose
die Hosen

die Bluse
die Blusen

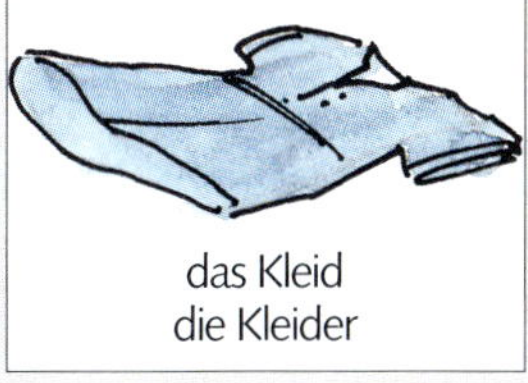

das Kleid
die Kleider

Eine böse Überraschung

DM 10,-
DM 5,-
DM 1,-
DM 0,10

zusammen DM 16,10

Eva und Catherine stehen an der Kasse.
Die Rechnung ist eine böse Überraschung:
123,50 DM muß Eva bezahlen.
Etwas muß sie zurücklegen, aber was:
das T-Shirt, den Lippenstift oder den Rock?

Eva überlegt und legt dann das T-Shirt zurück.
Jetzt muß sie noch 103,50 DM bezahlen.
Nun aber schnell nach Hause - oder noch einmal zur Oma?

zusammen DM ______

Was macht das?
Wieviel kostet das?
Wie teuer ist das?

Das kostet 123,50 DM.
Das macht 123,50 DM.

Rote Lippen

Mutter:	Eva, wo bist du denn?
Thomas:	Die große Schwester macht sich wieder schön.
Eva:	Ich komme ja schon!
Thomas:	Mit roten Lippen und im Rock. Der ist aber kurz!
Eva:	Mama, kann ich mir heute eine neue Bluse kaufen?
Mutter:	Was, schon wieder neue Sachen? Ich finde das geht zu weit!
Thomas:	Ja, das finde ich auch.
Eva:	Ist ja schon gut. Aber am Samstagabend gibst du mir deine weiße Bluse, ja, Mama?

Der Rock ist
kurz oder lang:
der kurze Rock
der lange Rock

Die Hose ist
weit oder eng:
die weite Hose
die ______ Hose

Die Lippen sind
rot oder blau:
die roten Lippen
die ______ Lippen

Die Schuhe sind
alt oder neu:
die alten ______
die ______

Ich wünsche mir
einen kurzen Rock und
keinen langen Rock.
...

neu

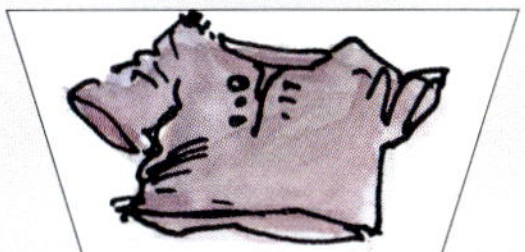

alt

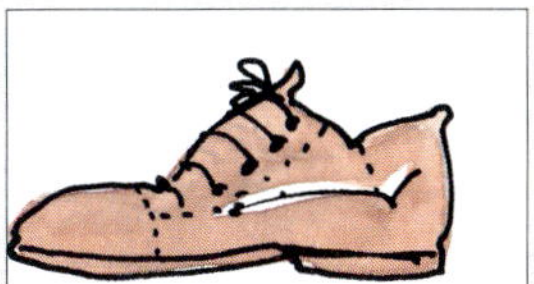

der Schuh
die Schuhe

Das gefällt mir gut.

Die gefällt mir nicht gut!

Wie gefällt dir das T-Shirt?

Wie gefällt dir die Hose?

Wie findest du den kurzen Rock?

Phantastisch!

Sehr gut!

Langweilig!

Gut!

7 GELD

Fünfzigtausend Lire!

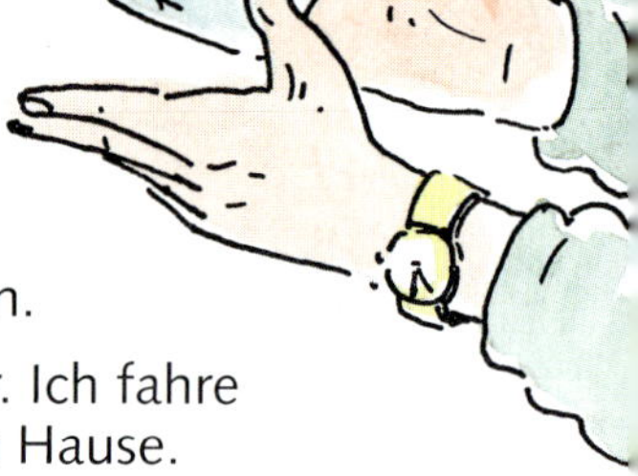

der Pfennig

die Mark

das Geld (Kleingeld)

der Franc

die Mark

das Pfund

Eva:	Kommt, wir gehen in die Stadt! Ich möchte mir etwas kaufen.
Sabine:	Oh ja, wir gehen alle mit!
Martin:	Habt ihr denn überhaupt Geld? Ohne Geld kann man nichts kaufen.
Catherine:	Deutsches Geld hab ich nicht mehr. Ich fahre ja auch morgen schon wieder nach Hause. Aber aus Paris habe ich noch hundert französische Francs.
John:	Und ich habe noch fünf englische Pfund. Aber dafür kann man in Wuppertal bestimmt nichts kaufen.
Eva:	Ich hab sogar noch italienisches Geld von unserer Reise nach Rom.
Sabine:	Wieviel denn?
Eva:	Fünfzigtausend Lire.
Thomas:	50 000? Für 50 000 Mark bekommt man einen Mercedes!
Eva:	Für 50 000 Mark schon, aber nicht für 50 000 Lire. Das sind nämlich noch keine siebzig Mark.
Thomas:	Schade! Dann macht mir der ganze Einkauf keinen Spaß mehr.
Martin:	Wißt ihr was? Wir gehen zuerst zur nächsten Bank und tauschen alles ausländische Geld um. Und dann gehen wir ins Café und trinken eine Cola.

die Bank
die Bänke

die Bank
die Banken

das Café
die Cafés

der Kaffee
____ ____

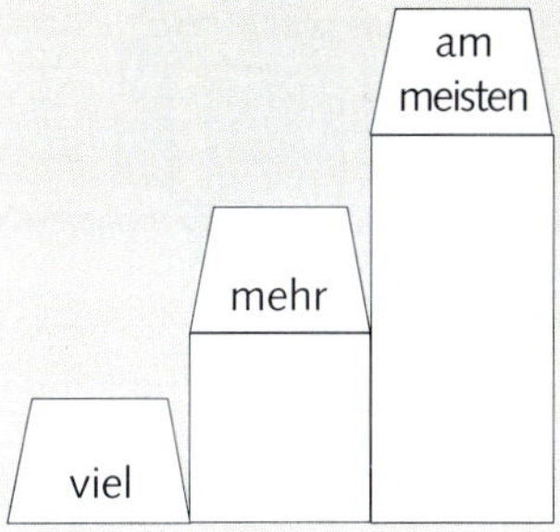

Für 100 Francs kann man viel kaufen.

Für 100 Mark kann man mehr kaufen.

Für 100 Pfund kann man am meisten kaufen.

Martin: Guten Tag, wir möchten gern ausländisches Geld in D-Mark umtauschen.

Kassierer: Was habt ihr denn?

Eva: 100 französische Francs, 5 englische Pfund und 50 000 italienische Lire.

Kassierer: So, das gibt zusammen ... Mark.

Martin: Danke und auf Wiedersehen!

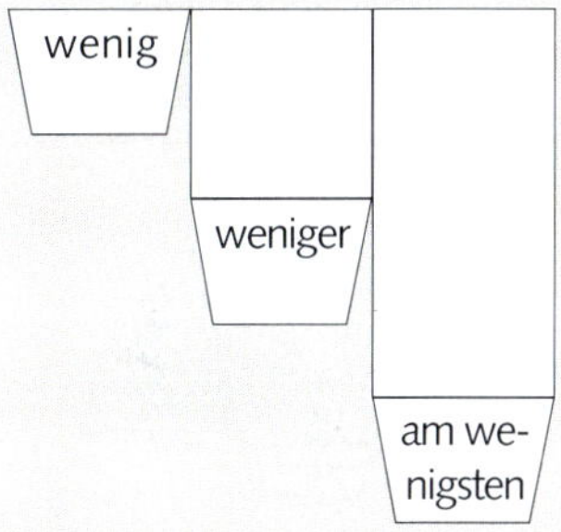

Für eine Mark kann man wenig kaufen.

Für einen Franc kann man noch weniger kaufen.

Für eine Lira kann man am wenigsten kaufen.

Sabine: Eigentlich blöd: In jedem Land braucht man anderes Geld!

John: Ich finde das gut. Unser Geld ist auch viel schöner als euer Geld.

Catherine: Darüber wollen wir uns jetzt nicht streiten.

Thomas: Ich möchte gern in Italien einkaufen gehen. Hunderttausend Lire! Das hört sich doch viel besser an als hundertdreißig Mark.

Eva: Bald soll es ja auch europäisches Geld geben. Das heißt dann Ecu, und damit kann man überall in Europa bezahlen.

Martin: Die Idee finde ich ja gut. Aber der Name gefällt mir nicht.

Eva: Du bezahlst ja auch nicht mit dem Namen, sondern mit dem Geld.

Geschenke

das Geschenk
die Geschenke

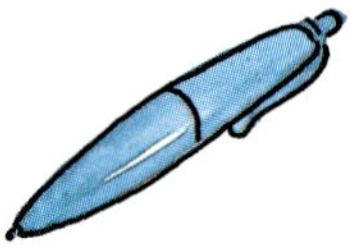

der Kugelschreiber
die Kugelschreiber

der Bär
die Bären

billig

teuer

So ist der Bär:
- klein
- groß
- braun
- blau
- billig
- teuer

ein kleiner Bär
ein großer Bär
. . .
ein kleiner blauer Bär
. . .
ein großer, teurer brauner Bär

Catherine: Jetzt habe ich noch 19,45 Mark. Davon muß ich noch Geschenke für meine Geschwister kaufen. Ich will meinem Bruder und meiner Schwester doch aus Wuppertal etwas mitbringen.

Eva: Dann kauf doch einen Kugelschreiber mit einer kleinen Schwebebahn. Den gibt es bestimmt nicht in Paris.

Catherine: Oh ja, den bekommt mein Bruder. Hoffentlich ist er nicht zu teuer. Und für meine Schwester kaufe ich ein deutsches Kuscheltier, vielleicht einen kleinen blauen Bär. Wo kann man denn so etwas kaufen?

Eva: Im Kaufhaus unten in der Stadt. Da gibt es fast alles und sogar ziemlich billig.

Eva:	Kugelschreiber gibt es im Parterre, und Kuscheltiere bekommst du auf der dritten Etage.
Catherine:	„Parterre" - „Etage"? Spricht man im Kaufhaus denn französisch?
Eva:	Das nicht! Aber wir sagen auch „Parterre" und „Etage". Auf deutsch kann man sagen: „Erdgeschoß" und „Stockwerk" oder einfach „Stock".
Catherine:	Aber Erdgeschoß heißt bei uns überhaupt nicht „Parterre". Das heißt auf französisch rez-de-chaussée.
Eva:	Das finde ich aber lustig.
Catherine:	Hier ist ja ein Kugelschreiber mit Schwebebahn. Der kostet 4,50 Mark – gar nicht so teuer. Dann habe ich noch 14,95 Mark übrig für den blauen Bär. Wie kommen wir denn zur dritten Etage?
Eva:	Am besten mit dem Lift. Dann sind wir am schnellsten im dritten Stock.
Catherine:	Lift ist aber auch nicht deutsch. Das ist doch englisch!
Eva:	Stimmt. Man kann auch „Aufzug" oder „Fahrstuhl" sagen.
Catherine:	Und warum sagt ihr dann „Lift" und „Etage" und sogar „Parterre"?
Eva:	Wir sprechen in Deutschland eben nicht nur Deutsch, sondern auch Englisch und Französisch.
Catherine:	Na gut, aber dann bitte richtig!

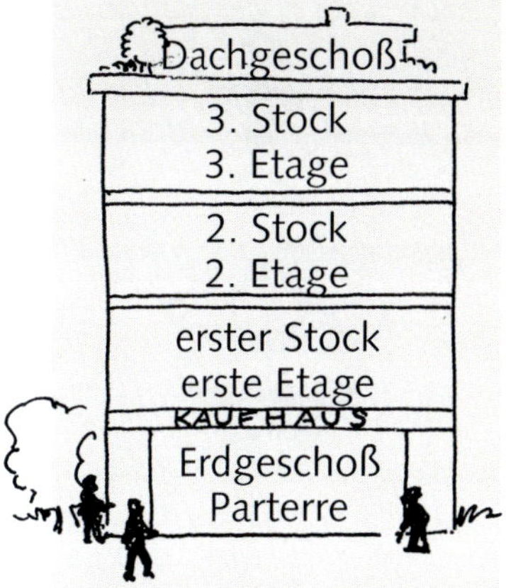

1 eins
der erste

2 zwei
der zweite

3 drei
der dritte

4 vier
der vierte

5 fünf
der fünfte

6 sechs
der sechste

7 sieben
der siebte

8 acht
der achte

9 neun
der neunte

10 zehn
der zehnte

20 zwanzig
der zwanzigste

100 hundert
der hundertste

1000 tausend
der tausendste

11 463 elftausendvierhundertdreiundsechzig
der elftausendvierhundertdreiundsechzigste

Früher - heute

dünn

dick

die Familie
die Familien

Sabine: Seht mal, so habe ich früher ausgesehen! Und hier bin ich mit meinem Bruder. Na? Wer ist wer?

Eva: Das ist Martin mit seiner dicken Nase!

Sabine: Und das ist meine Mutter als Mädchen. Da sind ihre Schwestern.

Anna: Und da hinten? Ist das dein Opa?

Sabine: Nein, mein Onkel. Mein Opa ist hier vorn neben meiner Oma.

Eva: Du hast aber viele Verwandte!

Anna: Ach, das ist doch noch gar nichts: Mein Opa hat vier Brüder und zwei Schwestern. Mit ihren Kindern ist das eine ganze Schulklasse!

Sabine: Früher sind die Familien eben größer gewesen. Und sie haben oft alle in einem Haus gewohnt. Meine Oma hat sogar mit ihrer Schwester in einem Bett geschlafen!

Anna: Zum Glück habe ich ein Bett für mich allein ...

Hast du einen Opa?
Wo ist deine Mutter?
Wie heißt dein Vater?
Wie alt sind deine Schwestern?
Hast du auch einen Bruder?

Was ist denn hier los?

Thomas: Das ist **mein** Computer! Ich will das neue Spiel ausprobieren!

Eva: Was? Das ist doch nicht **dein** Computer!

Vater: Was ist denn hier los? Mein Computer, dein Computer - das ist unser Computer. Mama und ich brauchen ihn doch auch!

Eva: Thomas, du trägst ja meine Jeansjacke! Gib sie sofort wieder her!

Thomas: Und wo hast du meinen Tennisschläger?

Vater: Was habt ihr denn? Catherine ist kaum weg, und schon streitet ihr euch ständig. Nie hat man seine Ruhe!

Eva: Thomas ist blöd! Mit Catherine habe ich mich so gut verstanden. Mit ihm hab ich nur Streit!

Thomas: Geh doch zu deiner Catherine nach Paris, und schick mir ihren Bruder nach Wuppertal. Dann hab ich endlich meine Ruhe. Und Papa auch!

Das ist	**mein** Computer!
Ist das	**deine** Jeansjacke?
Wo ist	**sein** Tennisschläger?
Das sind	**ihre** Schuhe!
Das ist	**unser** Computer!
Das ist nicht	**euer** Computer!
Das ist	**ihr** Streit!

Brüder, Brüder, Brüder

der See
die Seen

das Fahrrad
die Fahrräder

das Zelt
die Zelte

Du **darfst** zelten fahren.

Ich **muß** zu Hause bleiben.

Er **soll** nicht auf Parties gehen.

Sie **will** abends Freunde besuchen.

Aber das **wollen** die Eltern nicht.

Sabine:	Hallo, Eva, fährst du auch mit uns zelten?
Eva:	Zelten? Wo denn?
Sabine:	Am Samstag machen wir eine Fahrradtour an den See. Und da wollen wir auch schlafen. Am Sonntag kommen wir dann zurück.
Eva:	Das erlauben mir meine Eltern nie!
Sabine:	Ach, meine sind nicht so. Martin fährt auch mit zum See.
Eva:	Ja, du hast es gut. Du darfst immer alles! Du gehst auf Parties und kommst nach Hause, wann du willst!
Sabine:	Klar, Brüder sind schon toll. Da haben die Eltern nicht so viel Angst!
Eva:	Ältere Brüder vielleicht, aber jüngere?

Eine Familie ist eine Familie. Sie versteht sich gut

Immer gut?
Manchmal gibt es Ärger.
Das geht dann so:

Samstags guckt Papa am liebsten im Fernsehen Fußball. Mama findet Fußball blöd. Fußballgucken ist samstags nicht erlaubt ...

Papa muß nachmittags auf seiner Geige üben. Er stört Thomas. Thomas kann Geigenmusik nicht mehr hören ...

Nach dem Mittagessen müssen Eva und Thomas spülen. Oft spült Eva allein. Thomas muß nach dem Essen immer schnell auf die Toilette ...

Mama will ihre neue Bluse anziehen. Sie kann sie nicht finden. Eva hat sie wieder einmal ausgeliehen ...

Mama ärgert Papa, Papa ärgert Thomas, Thomas ärgert Eva, Eva ärgert Mama - aber eigentlich verstehen sie sich gut!

Eine Familie ist eine Familie!

9 UMWELT

So eine Schweinerei!

Du | kannst / sollst / darfst | den Abfall nicht | auf den Boden / auf den Schulhof / aus dem Fenster | werfen!

Du kannst den Abfall nicht auf den Boden werfen.

Du sollst ...

Eva:	Was machst du denn da?
Jan:	Wieso?
Eva:	Du kannst deinen Abfall doch nicht einfach auf den Boden werfen.
Jan:	Das machen doch alle. Manche werfen ihn sogar aus dem Fenster.
Verena:	Peter aus der 7b stellt seine Coladose immer in den Klassenschrank.
Andreas:	Das ist eine Schweinerei. Sogar auf der Heizung liegt Butterbrotpapier.
Eva:	Auch der Schulhof ist voll Abfall.
Verena:	Und was ist mit den Rauchern aus den höheren Klassen? Die sind doch am schlimmsten.
Andreas:	Über die muß ich mich auch immer ärgern. Die sollen ihre Kippen selber aufheben.
Eva:	Wir dürfen uns selbst nicht vergessen.

DER GRÜNE PUNKT

Umweltzeichen – weil aus 100 % Altpapier

Eine ernste Sache

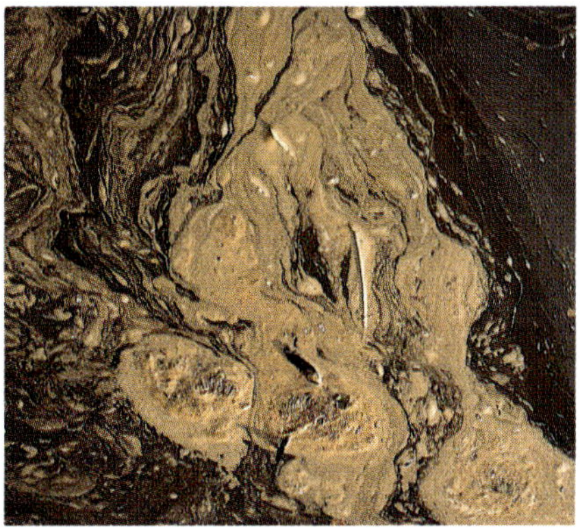

Jeder kann bei sich selbst anfangen.

Jeder soll bei sich selbst anfangen.

Jeder muß bei sich selbst anfangen.

Nicht jeder will bei sich selbst anfangen.

Stefan:	Es gibt nur eine Lösung: Jeder muß bei sich selbst anfangen.
Thomas:	Super! Ich glaube, deine Lösung ist ganz neu.
Stefan:	Willst du dich wieder über uns lustig machen? Ich finde, die Sache ist viel zu ernst.
Martina:	Ich möchte deshalb einen Vorschlag machen. Wir informieren alle Schüler über die Umweltprobleme.
Verena:	Wie soll das denn gehen?
Martina:	Wir können Fotos in Wuppertal machen. Da gibt es genug Probleme.
Verena:	Gut, ich mache mit.
Stefan und Andreas:	Wir entwerfen ein Plakat.
Thomas:	Und ich schwimme nächstes Jahr in der sauberen Wupper.
Verena:	Du willst wohl die Enten ärgern?
Martina:	Keine Angst, auf die saubere Wupper können wir noch lange warten.

WER WILL MITMACHEN?

DIE UMWELT-GRUPPE UNSERER SCHULE SUCHT FOTOS!

THEMA: UMWELT-PROBLEME IN WUPPERTAL

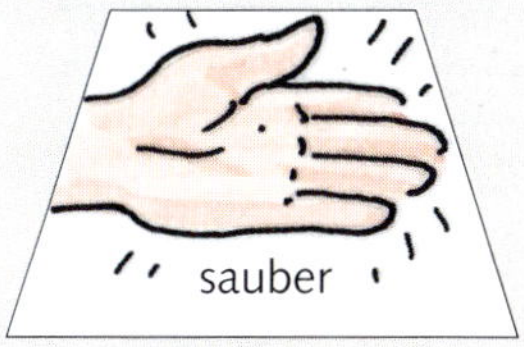

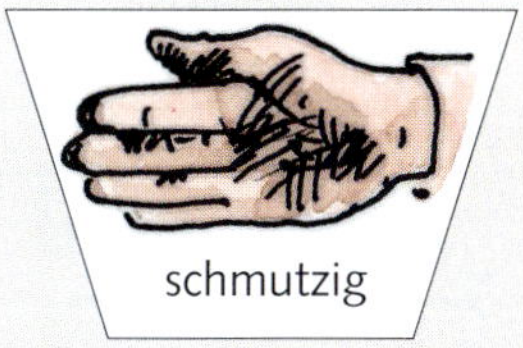

Martina: Ich möchte euch ganz herzlich begrüßen. Sogar Thomas ist hier und will mitmachen.

Thomas: Ich bin eben ein Umweltengel.

Martina: Das kann ich nicht glauben. Aber am besten fangen wir jetzt mit den Fotos an.

Sabine: Kartoffelschalen und Pflanzenreste gehören auf den Komposthaufen, Glas und Papier in die richtige Tonne.

Verena: Das ist alles schön und gut. Aber wo ist die Umweltverschmutzung in Wuppertal zu sehen?

Martina: Eine Sekunde! Davon haben wir genug Bilder.

Unsere Autos müssen noch sauberer werden.

Giftige Luft kommt aus dem Schornstein.

Sabine: Zum Glück gibt es beim Radfahren keine Abgase.

Coladosen

Eva: Wann will die Umweltgruppe denn die Fotos ausstellen?

Thomas: Das dauert noch einige Wochen.

Eva: Warum so lange?

Martin: Die streiten sich immer noch: Sollen die Coladosen in eine besondere Tonne, oder soll man sie ganz verbieten?

Eva: Ich finde auch: Die Coladosen müssen ganz verschwinden.

Thomas: Ich muß auch verschwinden. Ich soll für Chemie noch eine Arbeit über unsere Kläranlage schreiben.

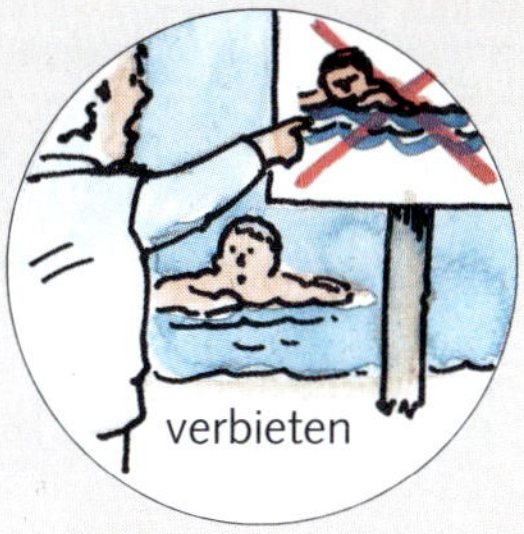

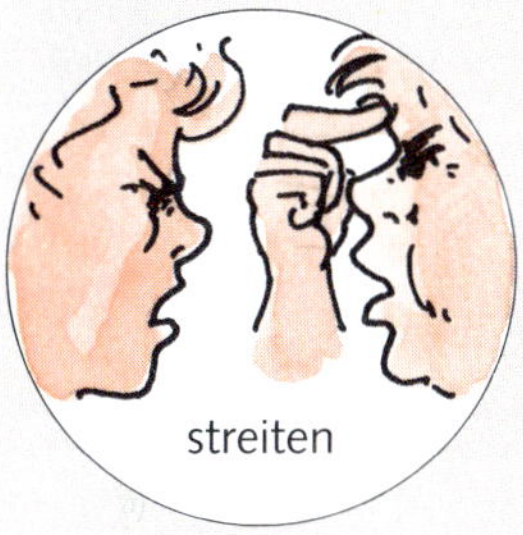

Was machen wir heute?

warm – wärmer – am wärmsten

schön – schöner – am schönsten

steil – steiler – am steilsten

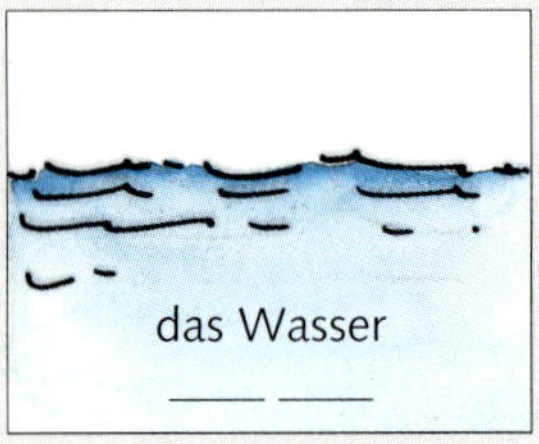

Thomas: Ist mir warm heute!
Sollen wir nicht schwimmen gehen?
Im Wasser ist es jetzt bestimmt am schönsten.

Eva: Gute Idee. Aber wo?

John: In der Wupper bestimmt nicht.

Sabine: Dann fahren wir mit den Fahrrädern zum Freibad!

Thomas: Ach, da müssen wir ja den steilen Berg hinauf.
Da wird mir ja noch wärmer.

Sabine: Du Ärmster! Sollen wir dich vielleicht tragen?
Kommt, mal sehen, wer zuerst im Wasser ist!

Im Freibad

Eva: Wie ist denn das Wasser?

Thomas: Irgendwie naß heute, haha.

Eva: Sehr lustig. Trocken bestimmt nicht.
Ist es wärmer oder kälter als sonst?

Thomas: Für mich ist's warm,
für dich ist's kalt.
Kommst du bald?

Eva: Du bist wohl zu lange in der Sonne gewesen.

John hat einen Fußball mitgebracht.

John: Wer spielt mit?

Sabine: Ich!

Thomas: Du?
Fußball ist doch nichts für Mädchen!
Das können Jungen doch am besten.

Sabine: Ach nein. Du mußt wohl immer alles besser wissen.
Dabei können wir das genauso gut wie ihr.
Stimmt's, Eva?

Thomas: Das wollen wir doch mal sehen!
Komm, John, gegen die Mädchen gewinnen wir leicht!

Sabine: Oder auch nicht.
Wer verliert, gibt ein Eis aus.

10 FREIZEIT

Hast du heute Zeit?

Hast du heute Zeit?

- Ja, warum?
- Nein, ich habe leider keine Zeit. Ich muß noch Hausaufgaben machen.

Fußball spiele ich **gern**, aber Tennis spiele ich **lieber**.

Am liebsten gehe ich schwimmen.

Was macht dir **am meisten** Spaß?

am liebsten

lieber

gern

am besten

besser

gut

Thomas: Hallo, Martin! Du hast gestern vielleicht was verpaßt. Wir sind nämlich schwimmen gegangen.

Martin: Ja, das habe ich schon gehört. Sabine hat es mir erzählt. Ihr habt ja auch Fußball gespielt, oder?

Thomas: Ja.

Martin: Und wer hat gewonnen?

Thomas: Das hat Sabine dir doch bestimmt auch erzählt. - Ich spiele sowieso lieber Tennis.

Sabine: Hallo, ihr zwei! Na, Thomas, hast du dich schon von unserem Spiel erholt?

Eva: Und was ist mit unserem Eis?

Thomas: Zu Frage eins: Ja. Zu Frage zwei: Das wartet schon im Eis-Café auf uns. Martin, kommst du auch mit?

Martin: Ich habe leider keine Zeit. Ich muß noch für meine Englischarbeit lernen.

Thomas: Du hast aber auch nie Zeit. Gestern bist du schon nicht mit schwimmen gewesen. Warum kommst du jetzt nicht einfach mit? Das macht doch viel mehr Spaß als Englischlernen.

John: Und warum soll Englischlernen keinen Spaß machen?

Martin: Gute Frage! Das ist aber nun mal so.

John: Das muß aber nicht so sein.

Thomas: Ach nein!

John: Ich spreche doch auch mit euch Deutsch und hab auch noch Spaß dabei. Am besten sprechen wir jetzt alle Englisch, Martin natürlich am meisten. Dann kann er auch mit uns Eis essen gehen.

Martin: Die Idee gefällt mir!

Freizeit - was ist denn das?

Was kann man in der Freizeit alles machen?
Wieviel Freizeit haben wir eigentlich?
Das fragen sich Martin, Eva, Thomas und Sabine auch.
Heute morgen haben sie andere Schüler in ihren Klassen gefragt:

„Wo seid ihr denn diese Woche gewesen, und was habt ihr in eurer Freizeit gemacht?"

Hier sind die Antworten:

Wo bist du denn in dieser Woche gewesen, und was hast du in deiner Freizeit gemacht?

Ich	**bin**	im Kino	**gewesen**.	Wir	**sind**	zu spät	**gekommen**.
Du	**bist**	schwimmen	**gegangen**.	Ihr	**seid**	in der Stadt	**gewesen**.
Er	**ist**	schnell	**gefahren**.	Sie	**sind**	zu Freunden	**gefahren**.

11 VERKEHR

Pech gehabt?

das Verkehrszeichen
die Verkehrszeichen

der Polizist
die Polizisten

Was bedeutet das?
Weißt du, was das bedeutet?

Was heißt das?
Weißt du, was das heißt?

Was steht da?
Weißt du, was da steht?

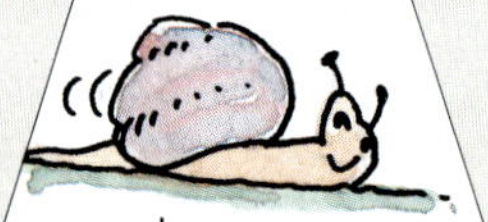

langsam

schnell

Die Idee ist gut!
Welche?

Der Polizist ist freundlich!
Welcher?

Das Verkehrszeichen ist überflüssig!
Welches?

Polizist:	Halt! - Weißt du nicht, was dieses Schild bedeutet?
Eva:	Schild? Welches Schild?
Polizist:	Komm mal mit! - Kannst du lesen? Was steht da?
Eva:	STOP!
Polizist:	Also, was heißt das?
Eva:	Daß ich stoppen kann!
Polizist:	Stoppen muß! Na, und hast du gestoppt?
Eva:	Nein!
Polizist:	Und warum nicht?
Eva:	Weil kein Auto gekommen ist!
Polizist:	Woher weißt du das?
Eva:	Ich habe es gesehen.
Polizist:	Also du meinst: So ein Verkehrszeichen ist überflüssig.
Eva:	Ja, äh ...
Polizist:	Das ist ein Stop-Schild. Das heißt für alle: erst stoppen, dann gucken und erst dann fahren, wenn die Straße frei ist. Hast du das verstanden?
Eva:	Nein!
Polizist:	Ich habe eine gute Idee.
Eva:	Welche?
Polizist:	Du sagst mir deinen Namen. Und ich sage dir: Du darfst in die Verkehrsschule gehen.
Eva:	So ein Mist!

Verkehrsschule

Polizist: Ihr wißt, warum ihr hier seid?

Alle: Nein!!!

Polizist: Nein? Dann will ich es euch noch einmal sagen:
- eine rote Ampel nicht gesehen,
- in der Dunkelheit ohne Licht gefahren,
- drei Jungen auf einem Fahrrad,
- ein Stop-Schild nicht gesehen,
- ein Radrennen auf dem Bürgersteig gemacht.

Andreas: Radrennen? Toll, wer war denn das?

Polizist: ‚Toll' findest du das?
Und wie findest du das?

Andreas: Iihh!

Polizist: Das ist nicht mehr so toll, oder?

Andreas: Hm.

Polizist: Die haben auch ein Radrennen auf dem Bürgersteig gemacht.

Eva: Und dann?

Polizist: Dann ist die Frau mit dem Kinderwagen um die Ecke gekommen. Der Junge hat sie nicht gesehen. Er ist in den Kinderwagen gefahren.

Eva: Mist! Was ist mit dem Kind?

Polizist: Es liegt schon ein paar Wochen im Krankenhaus.

Andreas: Und jetzt?

Polizist: Jetzt geht es ihm langsam besser.

Andreas: Also gut, keine Radrennen mehr auf Bürgersteigen.

Eva: Aber was ist mit roten Ampeln? ...

Die Ampel ist rot:
die rote Ampel

Die Straße ist frei:
die freie Straße

Die Idee ist gut:
die gute Idee

Radrennen sind toll:
die tollen Radrennen

Der Polizist ist freundlich:
der freundliche Polizist

Das Auto ist langsam:
das langsame Auto

die Ampel
die Ampeln

Wenn etwas besonders gut ist, ist es

stark — **Spitze**
toll — **prima**
geil — **Klasse**
super — riesig

Wenn etwas besonders schlecht ist, ist es

doof — Dreck
Scheiße — übel
widerlich — blöd
ätzend — **elend**
zum Kotzen — Mist

11 VERKEHR

Autos - Autos - Autos

der Bus
die Busse

die Straßenbahn
die Straßenbahnen

Eva: Autos! - Hier Autos, da Autos! Gibt es in dieser Stadt denn keinen Platz mehr ohne Autos?

Martin: Was ist denn mit dir los?

Eva: Ach, das ist doch nicht auszuhalten. Morgens, wenn ich aus dem Fenster sehe, stinkt es schon von der Straße. Wenn ich aus dem Haus komme, fahren sie mir fast über die Füße. Und mit dem Fahrrad durch die Stadt ist wie mit dem Tretboot über den Atlantik: ein Abenteuer.

Martin: Was willst du dagegen tun?

Eva: Die Leute sollen endlich mit dem Bus oder mit dem Fahrrad fahren!

Martin: Das geht doch nicht so einfach.

Eva: Wieso nicht?

Martin: Es können nicht alle mit dem Fahrrad fahren:Manche sind zu jung, manche sind zu alt, manche sind zu dick, manche sind zu schwach. Busse und Straßenbahnen gibt es auch nicht genug und überall.

Eva: Das ist es ja! Wenn endlich mehr Busse fahren, können alle Leute ihr Auto zu Hause lassen.

Martin: Denkst du! Viele Leute wollen nur in ihrem eigenen Auto sitzen. Sie fahren nicht mit dem Bus. Sogar, wenn er vor der Haustür abfährt, nehmen sie lieber das Auto.

Eva: Verrückt! Da muß man etwas ändern.

Martin: Aber was?

Niemand weiß **es** genau:

Es gibt zu viele Autos.

Es gibt zu wenig Busse und Straßenbahnen.

Es können nicht alle mit dem Fahrrad fahren.

Das ist **es** ja.

Es ist nicht so einfach.

schwierig

einfach

aushalten

stinken

Radwege

Da steht ein Auto, breit und fett,
der Fahrer liegt wohl noch im Bett.
Sieh an, da kommt er schon gelaufen.

„War nur mal schnell 'ne Zeitung kaufen."

Was meinen Sie, was das hier ist? -

Sie wissen's nicht, dann darf ich helfen:

Das ist ein Radweg, schmal und eng.
Steht da ein Auto, macht's bald „peng".
Und groß ist dann gleich Ihr Geschrei:
„Zu Hilfe!" und „Die Polizei!".

Den Ärger können Sie sich sparen:
Sie können auch mal Fahrrad fahren.

Darum, so möcht' ich Ihnen raten:

Bei Ihrem dicken Bauch
hilft Fahrrad fahren auch!

TV-TIP ZDF RTL plus ARD PRO 7 SAT.1

Dr. Lechner (r.) hält Steinbrink für Rosys Mörder

Derrick

23.00 Die 18jährige Hausangestellte Rosy wurde erstochen. Passanten finden die Leiche nahe dem Haus von Rosys Arbeitgeber Dr. Lechner. Derrick ermittelt, daß das Mädchen zuletzt in einer Disco war und von Herrn Steinbrink nach Hause begleitet wurde . . .

19.00 heute
19.30 Insel der Träume
Das Genie
20.15 Agenten-Poker ☑
Spielfilm, USA 1980,

11.30 ☑ **Die Sendung mit der Maus** WDR Ab 5 Wie kommen die Löcher in den Käse? Wieso übt das Nilpferd den Trab? Wen meint Blaubär, wenn er von der Krone der Schöpfung spricht? (Wh. morgen, Mo., 14.02)

Thomas:	Hallo, Anna, hallo, Eva! Ihr guckt ja schon wieder Fernsehen.
Eva:	Falsch geraten! Hast du denn noch nie etwas von einem Videorecorder gehört?
Thomas:	Aber natürlich! Damit nehmt ihr doch immer die „Insel der Träume" auf.
Eva:	Bist du blind? Kommissar Derrick kennst du wohl nicht?
Thomas:	Doch, der ist aber nichts für kleine Mädchen.
Anna:	Schade, dann gucken wir besser zusammen mit Thomas die „Sendung mit der Maus".
Eva:	Einverstanden! Aber ich habe eine Frage: Versteht Thomas die Sendung überhaupt?
Thomas:	Wenn ich Probleme habe, frage ich euch.
Eva:	Oder möchtest du lieber die Märchenstunde sehen?
Thomas:	Nein, danke. Da wird bestimmt ein Frosch geküßt. Ich glaube, ich gehe besser ins Kino. Oder noch besser: Ich frage Papa nach einem Fernseher für mich allein.

Rind oder Kind?

Mutter: Hier in der Zeitung steht: „Eine Mutter sucht ihr Rind."

Eva: Warum nicht? Vielleicht haben die Leute keinen Hund, sondern ein Rind.

Mutter: Unsinn! Was wird nun gesucht: ein Rind oder ein Kind?

Thomas: Die Mutter sucht ein Rind,
denn Hunger hat ihr Kind.

Mutter: Schreibe lieber deinen Artikel für die Schülerzeitung. Du bist doch der beste Redakteur in Wuppertal.

Thomas: Aber die Westdeutsche Zeitung hat mich noch nicht entdeckt.

Eva: Darauf kannst du lange warten.

Thomas: Dann schreibe ich eben Liebesromane.
Dann müssen alle Leser weinen.

Eva: Darüber kann ich aber nur lachen.

Thomas: Ich nicht. Oder vielleicht doch?

suchen

das Kind
die Kinder

das Rind
die Rinder

die Zeitung
die Zeitungen

warten

12 MEDIEN

die Sekunde
die Minute
die Stunde
der Tag

60 Sekunden = 1 Minute

60 Minuten = 1 Stunde

24 Stunden = 1 Tag

Ein Tag hat ____ Stunden.

Eine Stunde hat ____ ______

Eine Minute hat ____ ______

ein Zeiger für die Stunden:
der Stundenzeiger

ein Zeiger für die Minuten:
der ______

ein Zeiger für die Sekunden:
der ______

Wieviel Uhr ist es jetzt?

Beethoven oder Beatles?

Martin:	Ich habe Thomas zum Geburtstag eine CD gekauft.
Andreas:	Der hört bestimmt nur Beethoven und Mozart.
Martin:	Überhaupt nicht! Sein Vater ist doch Geiger bei den Wuppertaler Symphonikern. Von Mozart und Beethoven hat er schon genug gehört.
Andreas:	Und was hast du nun gekauft?
Martin:	Eine CD: „The Beatles greatest hits".
Andreas:	Die sind aber auch schon etwas älter.
Martin:	Aber immer noch gut.
Andreas:	Na ja. Dann laß sie mal laufen!
Martin:	Das geht nicht. Eine ausgepackte CD kann ich nicht verschenken. Ich nehme eine andere. Eine Sekunde bitte!
Andreas:	Aber bitte nicht Beethoven!
Martin:	Keine Angst, es dauert sowieso noch Stunden.
Andreas:	Was denn?
Martin:	Der CD-Player muß leider repariert werden.

Mit Omas Hilfe

Martin: Ich möchte den reparierten CD-Player abholen.

Herr Schulz: Es tut mir leid, aber eine Reparatur ist zu teuer. Kauf dir doch lieber einen neuen. Dieser hier wird häufig gekauft.

Martin: Sie sind witzig. Was kostet der denn?

Herr Schulz: 299 Mark.

Martin: Danke, soviel Geld habe ich nicht. Auf Wiedersehen!

Brauchst du einen neuen CD-Player?

Ja, dringend.

Oma: Guten Tag Martin, wie geht es dir?

Martin: Hallo, Oma, ganz gut, und dir?

Oma: Auch gut. Brauchst du ein neues Radio?

Martin: Nein, aber einen CD-Player. Ich habe aber kein Geld.

Oma: Da kann ich dir helfen. Bei Müllers wird jemand für den Garten gesucht. Das wird bestimmt gut bezahlt.

Martin: Danke für den Tip! Ich denke darüber nach.

der Garten
die Gärten

Müllers suchen einen Gärtner.

Ein Gärtner wird gesucht.

13 MENSCH UND TIER

Puce im Schnee

Puce bellt,
weil es geschneit **hat**
weil sie spielen **will**
weil Eva sich **anzieht**
weil sie gebissen worden **ist**.

Es schneit.
Es **hat** geschneit.

Puce rennt.
Sie **ist** gerannt.

Puce humpelt.
Sie **ist** gehumpelt.

Heute nacht hat es geschneit. Puce steht am Fenster und bellt, weil sie im Schnee spielen will. Als Eva den Mantel anzieht, rennt Puce gleich zur Haustür. Zusammen gehen sie in den Park. Da trifft Puce immer ihre Hundefreunde. Schon nach einer Viertelstunde kommen Eva und Puce zurück. Eva weint, und Puce humpelt auf drei Beinen.

Vater: Was ist denn los? Warum seid ihr schon wieder da?

Eva: Weil Puce gebissen worden ist.
Siehst du das denn nicht?
Sie kann fast nicht mehr laufen.

Mutter: Wie ist das denn passiert?

Eva: Das war ein großer fremder Hund.
Der hat Puce einfach gebissen, als sie mit den anderen Hunden gespielt hat.

Thomas: Puce blutet ja richtig an der Pfote.

Vater: Komm, Eva, wir fahren gleich mit Puce zum Tierarzt.

Eva weint.
Sie **hat** geweint.

Der Hund beißt.
Er **hat** gebissen.

Der Vogel singt.
Er **hat** gesungen.

Der Hamster schläft.
Er **hat** geschlafen.

Beim Tierarzt

Ein Schuh für Puce

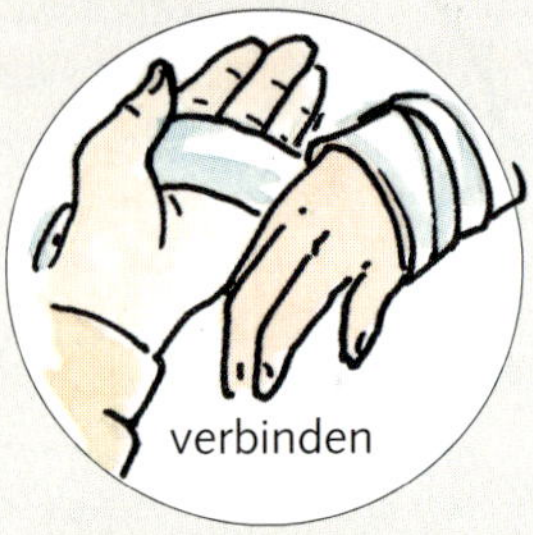

Ich verbinde die Pfote.
Ich habe die Pfote verbunden.
Die Pfote ist verbunden.

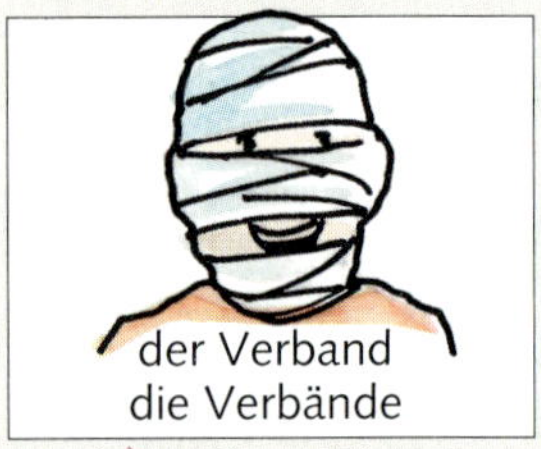

Der Verband ist naß:
ein nasser Verband.
Der Verband ist trocken:
ein trockener Verband.

1. das Fell
2. der Kopf
3. das Auge
4. das Ohr
5. die Schnauze
6. das Maul
7. der Hals
8.
9.
10.
11. die Brust
12. der Rücken
13. der Bauch
14. das Bein
15. die Pfote
16. der Zeh
17. die Kralle
18. der Schwanz

Eva: Guten Tag! Haben Sie auch Schuhe für Hunde? Ich brauche nämlich einen Schuh für Puce, weil sie von einem großen Hund gebissen worden ist.
Und der Verband darf nicht naß werden.

Verkäuferin: Ja, es gibt auch Schuhe für Hunde. Am besten nimmst du einen großen Schuh.
Dann paßt die Pfote mit dem Verband hinein.

Eva: Oh ja, der Schuh paßt. Und er sieht auch ganz gut aus. Jetzt kann ich mit Puce wieder in den Park gehen, auch wenn es draußen schneit.

Operation

Puce muß **oft** verbunden werden:

- heute
- morgen
- übermorgen
- jeden Tag
- noch in einer Woche
- vielleicht noch in drei Wochen

Puce muß **heute** verbunden werden.

Puce muß **morgen**

Eva ruft.
Sie hat gerufen.

Jeden Tag muß Puce neu verbunden werden.
Puce hat das schnell gelernt.
Wenn Eva mit der Salbe kommt, ruft sie „Operation".
Dann legt sich Puce auf den Rücken und streckt die Pfoten in die Luft.
So kann Eva die Wunde gut verbinden.
Wenn alles vorbei ist, legt Puce sich ins Himmelbett.

1. das Haar
2. der Kopf
3. das Auge
4. das Ohr
5. die Nase
6. der Mund
7. der Hals
8. der Arm
9. die Hand
10. der Finger
11. die Brust
12. der Rücken
13. der Bauch
14. das Bein
15. der Fuß
16. der Zeh
17.
18.

14 REISEN

Ferienpläne

der Himmel

der Wald
die Wälder

der Wolf
die Wölfe

beschützen

Eva, Martin, Sabine und John treffen sich bei Anna. Sie möchten in den Sommerferien zusammen wegfahren und machen Pläne.

Martin: Also, ich will ja am liebsten nach Finnland.
Da gibt es große Wälder und herrliche Seen.
Wir schlafen unter freiem Himmel,
und ich beschütze euch vor den Wölfen.

Eva: Ha, ha, der starke Mann aus der Zigarettenreklame.
Sehr witzig!

Anna: Ich möchte lieber nach Ägypten. Da kann man auf dem Nil von Alexandria bis nach Kairo fahren.

Sabine: Oder wir machen eine Reise mit der Transsibirischen Eisenbahn!

John: Ich sehe schon das Gesicht deines Vaters, wenn du ihm sagst, daß du von Moskau nach Wladiwostok willst ...!

Eva: Und nun? Also doch wie immer: drei Wochen Ferien mit den Eltern am Meer?

John: Nein, ich hab's: Ihr kommt nach England. Es wird Zeit, daß ihr einmal meine Heimat kennenlernt!

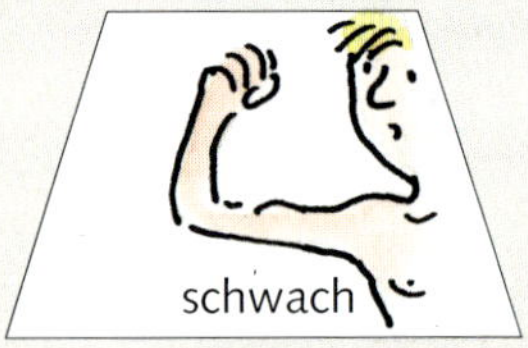

schwach

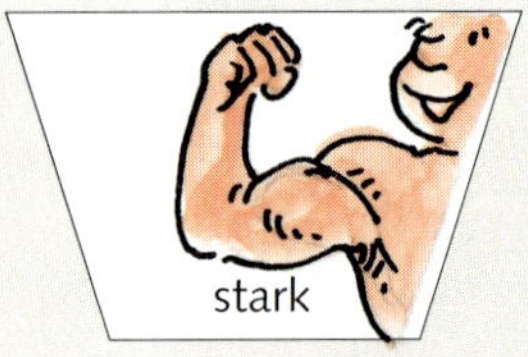

stark

eine Reise mit dem Auto	=	eine Autoreise
eine Reise mit der Bahn	=	eine Bahnreise
eine Reise mit dem Flugzeug	=	eine Flugreise
eine Tour mit dem Fahrrad	=	eine Fahrradtour
eine Wanderung zu Fuß	=	eine Fußwanderung

Die Eltern sind mit Johns Idee einverstanden: Eva, Martin, Sabine und Anna fahren in den Sommerferien drei Wochen mit einer Jugendgruppe nach Brighton. Um 7.01 Uhr fährt der Zug von Wuppertal ab. In Köln müssen die Jugendlichen erst einmal umsteigen. Nun fährt der Zug über Brüssel nach Ostende.
Weiter geht es mit der Fähre nach Dover. Alle stehen draußen und beobachten, wie die Fähre ablegt. Nach einer halben Stunde sucht Eva Martin. Sie hat ihn schon länger nicht mehr gesehen. Endlich findet sie ihn in einer Ecke.
„Martin, wie siehst du denn aus? Du bist ja so weiß wie die Wand!" Martin sieht nicht sehr glücklich aus. Seine Gesichtsfarbe wechselt von weiß zu grün und gelb.
Nach zwei Stunden legt die Fähre in Dover an. Martin atmet auf: „Ab heute reise ich nur noch mit dem Flugzeug!"

weiß wie die Wand
schwarz wie die Nacht
grün wie Klee
rot wie Blut = blutrot
blau wie der Himmel = himmelblau
gelb wie eine Zitrone = zitronengelb

der Zug
die Züge

die Fähre
die Fähren

das Flugzeug
die Flugzeuge

abfahren

ankommen

Nachrichten aus Brighton

Anna schreibt an ihre Eltern:

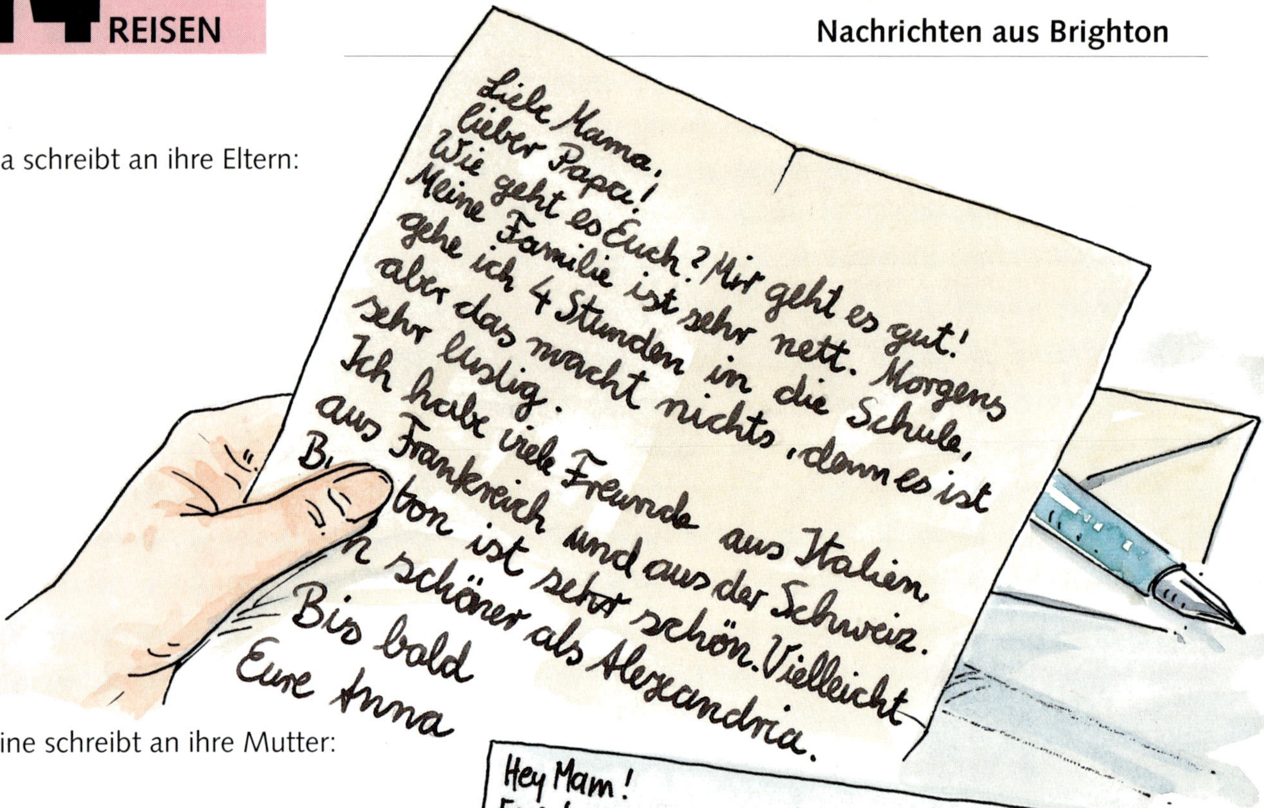

Sabine schreibt an ihre Mutter:

WOHIN?	Ich fahre nach England.	Liebe Eltern!
	Du fährst nach Ägypten.	Lieber Thomas, liebe Eva!
	Er fährt nach Finnland.	Hallo, Bruder!
	Wir fahren in **die** USA.	Viele Grüße!
	Ihr fahrt in **die** Schweiz.	Herzliche Grüße!
	Sie fahren in **den** Iran.	Alles Gute!

Rosella

Hallo Bruder!
Schade daß Du nicht hier bist. Gestern sind wir in London gewesen. Am besten haben mir die Wachen vor dem Buckingham Palast gefallen. Die sehen etwa so aus:
Lady Di und Prinz Charles habe ich leider nicht gesehen. Dann waren wir noch am Big Ben. Und in der ~~Cana~~ Carnaby-Street. Es ist toll hier.
Viele Grüße
Eva

Nach den Sommerferien ist der Englischlehrer sehr zufrieden. In Brighton haben alle phantastisch Englisch gelernt. Nur Martin spricht kein Englisch, aber sehr gut Italienisch. Sein Lehrer ist überrascht: „Martin, ich denke, du warst in Brighton?" Thomas lacht: „Rosella ist ja auch kein englischer, sondern ein italienischer Name ...!"

WOHER?	Ich komme aus Italien.	England	- der englische Freund
	John kommt aus England.	Italien	- die italienische Freundin
	Sie kommen aus **der** Schweiz.	Deutschland	- die deutschen Freunde
	Wir kommen aus	Frankreich	- das französische Brot
	der Bundesrepublik.	Finnland	- der finnische Wolf

Radiowecker

Martin öffnet die Augen. Was ist das? Es ist draußen hell, und die Vögel singen. Drinnen im Haus ist alles still. Ein Blick auf die Uhr am Radiowecker beruhigt Martin. Die Uhr zeigt 3:10.
„Erst zehn nach drei", denkt Martin und läßt sich ins Bett zurückfallen. „Zehn - nach - drei! Wieso ist es dann so hell, und warum machen die Vögel so einen Krach?" Martin sucht seine Armbanduhr. „Wo liegt sie nur? Ach, ja - dort auf der Fensterbank." Martin greift nach der Uhr, hält sie sich vor die Augen, blinzelt.
Mit einem Sprung ist er aus dem Bett. „8:45, Viertel vor neun! Warum funktioniert der Wecker nicht? Warum hat mich keiner geweckt? Das gibt Ärger in der Schule. Um acht fängt die erste Stunde an. Wo ist Sabine? Warum hat sie mich nicht geweckt?" denkt Martin. „So ein Mist!" Er verflucht seinen neuen Radiowecker. Vorige Woche hat er ihn geschenkt bekommen, und schon heute funktioniert er nicht mehr.

Bedienungsanleitung

„Wo ist die Bedienungsanleitung?
Da ist sie, unter dem Schreibtisch."

BEDIENUNGSANLEITUNG
UHRENRADIO IM MONITORLOOK
OPERATING INSTRUCTIONS
CLOCK-RADIO IN MONITOR-LOCK
MODE D' EMPLOI
LE CUBE RADIO-RÉVEIL
ISTRUZIONI PER L' USO
RADIO CON OROLOGIO IN LOOK MONITOR

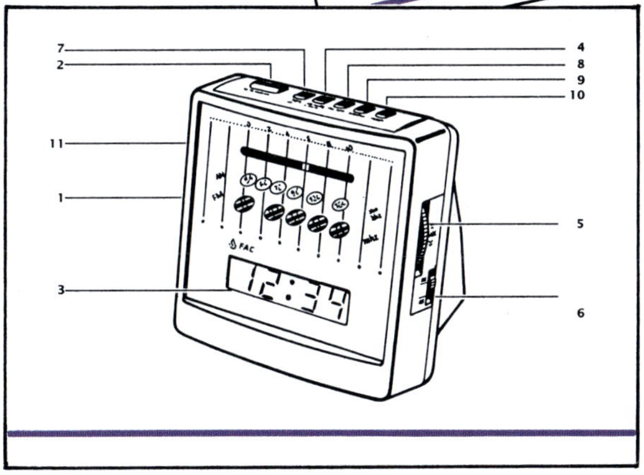

„Das ist ja fast alles Ausländisch. Wo steht denn was über die Zeiteinstellung? Ah, hier:

Zeiteinstellen

Zeiteinstellknopf (7) drücken und festhalten: Stundeneinstellknopf (9) drücken, bis gewünschte Uhrzeit /Stunde erreicht ist. Minuteneinstellknopf (10) ebenfalls drücken, bis die gewünschte Minutenanzeige in der Zeitanzeige erscheint. Jetzt den Zeiteinstellknopf (7) loslassen - das Gerät zeigt jetzt die richtige Zeit an.

Zeigt es nicht! Das habe ich doch alles genauso gemacht", flucht Martin. „Warum zeigt die blöde Uhr jetzt 12:10? Es ist doch Viertel vor sechs, 17:45. Das ist vielleicht eine komische Uhr!"

Der Wecker hat
ein Radio.
Das ist ein Radiowecker.

Hier wird die
Zeit angezeigt.
Das ist
die Zeitanzeige.

Mit diesem Knopf wird
die Zeit eingestellt.
Das ist
der Zeiteinstellknopf.

Die Uhr steht!

Die Uhr geht!

Das tut Eva:
Sie **legt** leere Plastikflaschen in den Keller.
Das ist das Ergebnis:
Leere Plastikflaschen **liegen** im Keller.

Das tut Eva:
Sie **stellt** die Flaschen auf den Tisch.
Das ist das Ergebnis:
Die Flaschen **stehen** auf dem Tisch.

Das tut Eva:
Sie **setzt** sich auf den Stuhl.
Das ist das Ergebnis:
Sie **sitzt** auf dem Stuhl.

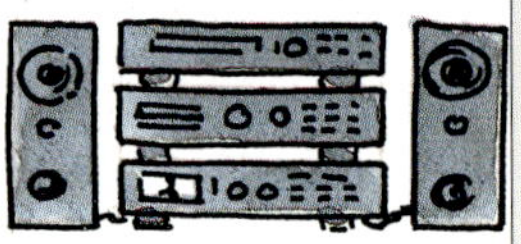
die Stereoanlage
die Stereoanlagen

voll

leer

bauen

Sabine hat einen Walkman. Eva und Sabine möchten zusammen Musik hören, aber Sabine hat nur einen Kopfhörer. Was nun?
Eva und Sabine bauen deshalb eine Stereoanlage mit Boxen. Die Anleitung steht in einem Bastelbuch. Für die Stereoanlage brauchen die Mädchen nur den Walkman, den Kopfhörer und vier leere Plastikflaschen. Sie kosten nichts, und sie können nach Gebrauch im Plastikcontainer verschwinden. Leere Plastikflaschen liegen im Keller. Sabine holt die Flaschen aus dem Keller.

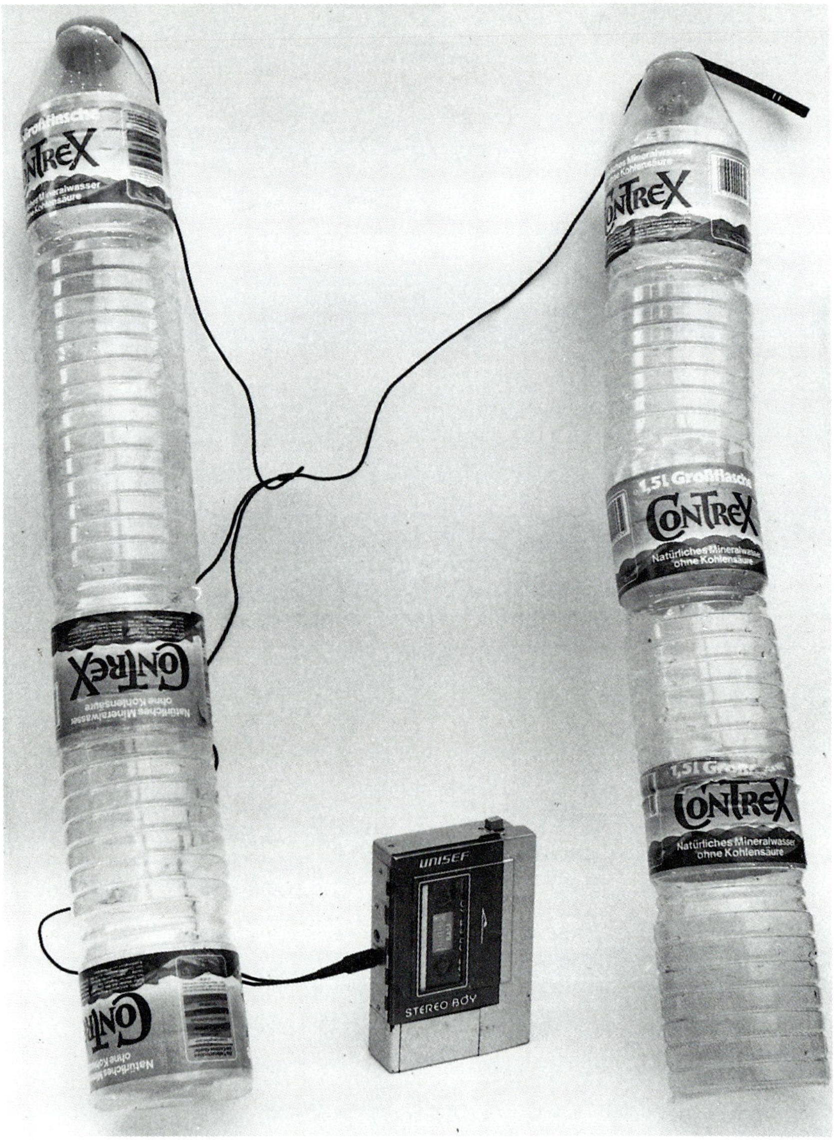

So wird ein Walkman in eine Stereoanlage verwandelt

So wird es gemacht

Im Bastelbuch steht:

MATERIAL
vier Plastikflaschen (1,5 Liter) von Mineralwasser oder Limonade, Klebeband, ein Walkman mit Kopfhörer

BAUANLEITUNG
Jede Box besteht aus zwei großen Plastikflaschen. Von den beiden unteren Flaschen wird der Hals und der Boden abgeschnitten. Dann werden sie ineinandergesteckt. Die obere Flasche behält den Hals, den Boden aber nicht. Der Hals wird nur so weit abgeschnitten, daß der eine Ohrhörer in die Öffnung paßt. Mit Klebeband wird der Ohrhörer an der Flasche angeklebt. So kann er nicht herausfallen.
Der andere Ohrhörer wird genauso an der zweiten Box befestigt. Wichtig ist, daß die Boxen unten offen sind. Sie dürfen nicht auf dem Boden stehen. Am besten werden sie aufgehängt oder an die Rückseite eines Stuhls gebunden.
Viel Spaß beim Hören!

die Flasche
die Flaschen

Die Flasche hat einen Hals:
den Flaschenhals

Die Flasche hat einen Boden:
den Flaschenboden

geschlossen

offen

kleben

binden

Gitarre finde ich schöner

die Geige = die Violine
die Geigen = die Violinen

das Klavier
die Klaviere

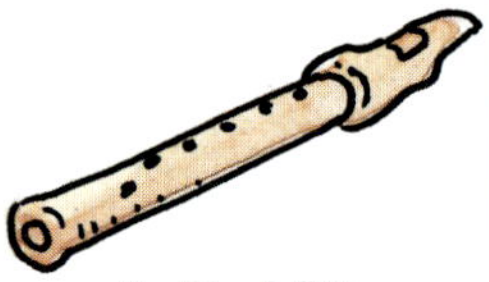

die Blockflöte
die Blockflöten

Konzert

am 3. Mai, 20.00 Uhr

Stadthalle Wuppertal

Programm
1. *Ludwig van Beethoven: Coriolan-Ouvertüre*
2. *Wolfgang Amadeus Mozart: Violinkonzert A-Dur*
3. *Johannes Brahms: Erste Symphonie*

Wuppertaler Symphoniker

Solist: Hans Schulte, Violine

Eva macht ihre Hausaufgaben. Sie soll einen Aufsatz über den Beruf ihres Vaters oder ihrer Mutter schreiben.

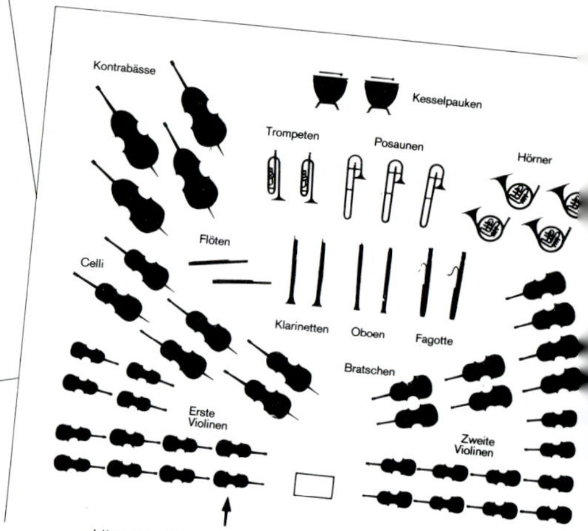

„Hier sitzt Herr Schulte"

Eva schreibt:

Mein Vater ist Geiger im Symphonieorchester in Wuppertal. Er sitzt ganz vorne. Nächste Woche muß er ein Violinkonzert von Mozart spielen. Er ist schon sehr nervös. Manchmal hat er keine Ruhe zu üben, weil mein Bruder Thomas seine Trompete ausprobiert. Mein Vater kann aber auch Klavier und Blockflöte spielen. Oft gehe ich in unser Musikzimmer und höre zu. Er kommt am Abend nach einem Konzert immer sehr spät nach Hause. Ich habe keine Lust, Geige zu lernen. Gitarre finde ich schöner.

Ich habe keine Zeit,
Geige zu üben
heute Geige zu üben.

Ich habe keine Lust,
einen Aufsatz zu schreiben
heute einen Aufsatz zu schreiben.

Gewonnen

Reporter: Lieber Thomas! Herzlichen Glückwunsch zu deinem 1. Preis bei „Jugend musiziert". Ich komme von der Westdeutschen Zeitung, um dir einige Fragen zu stellen. Seit wann spielst du Trompete?

Thomas: Seit drei Jahren.

Reporter: Wie oft muß man üben, um zu gewinnen?

Thomas: Ich übe nicht, um zu gewinnen. Es macht einfach Spaß, Trompete zu spielen.

Reporter: Wie viele Stunden hast du denn geübt?

Thomas: Jeden Tag ein bis zwei Stunden.

Reporter: Das ist ziemlich viel.

Thomas: Ich brauche aber auch Zeit, um Fußball zu spielen. Außerdem habe ich noch einen Computer. Ach ja, in die Schule gehe ich auch noch.

Reporter: Wie viele Stücke hast du gespielt?

Thomas: Jeder muß mindestens drei Stücke können, um teilnehmen zu dürfen. Auch moderne Musik gehört dazu.

Am nächsten Tag steht in der Zeitung:

1. Platz bei „Jugend musiziert"
Wuppertal ist stolz auf seinen
Sieger Thomas Schulte (Trompete).

ein Instrument spielen

Fußball spielen

Thomas übt viel,
um richtig zu spielen.

Der Reporter kommt,
um Thomas zu fragen.

16 MUSIK

Loreley

Köln liegt
„über" Koblenz.

Köln liegt
nördlich von Koblenz.

Mainz liegt
„unter" Koblenz.

Mainz liegt
südlich von Koblenz.

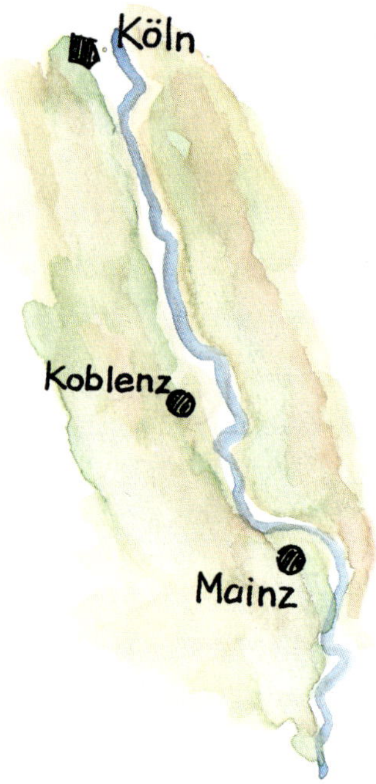

Martin:	Wer kommt mit zur Loreley?
Thomas:	Was willst du denn da? Wandern?
Martin:	Unsinn! Da ist doch jedes Jahr ein großes Open-Air-Konzert.
Thomas:	Und wie willst du da hinkommen? Die Loreley liegt doch noch unter Koblenz.
Eva:	... südlich von Koblenz!
Thomas:	Das ist doch völlig egal! Also, wie kommst du zur Loreley?
Martin:	Mein Vater fährt hin.
Thomas:	Was will denn dein Vater bei einem Open-Air-Konzert?
Martin:	Mein Vater steht auf „Sting" und „Dire Straits", und die spielen da.
Thomas:	Dein Vater findet „Sting" gut. – Das finde ich gut. Mein Vater hört fast nur Mozart und Bach.
Martin:	Mozart ist ja ganz gut, aber immer Mozart, nein danke.
Thomas:	Gibt es denn überhaupt noch Karten, und nimmt dein Vater uns auch mit?
Martin:	Natürlich könnt ihr mitkommen. Karten gibt es auch noch, ich weiß nur nicht, was sie kosten.

Ein Konzert im Freien
ist kein Freikonzert.

Ein Konzert im Freien
ist ein Open-Air-
Konzert.

Ein Konzert,
das nichts kostet,
ist ein Freikonzert.

Ich mag „Sting".
Ich stehe auf „Sting".
Ich finde „Sting" gut.

Sabine mag Jeans.
Sabine steht auf Jeans.
Sabine findet Jeans gut.

Thomas mag Waffeln.
Ich nicht.

Ich stehe auf Fisch.
Ich finde Fisch gut.
Fisch finde ich gut.

Proberaum gesucht

Martin spielt mit drei Freunden in einer Band. Die Band heißt „Hot Dogs". Die Band hat eine Sängerin. Sie heißt Doris. Martin spielt Schlagzeug, René Gitarre und Andreas Baß. Die „Hot Dogs" sind sehr bekannt. Auf Schul- und Geburtstagsfeten spielen sie fast jede Woche. Doch seit einigen Wochen haben die Musiker ein Problem. Sie suchen nämlich einen neuen Proberaum. Es ist nicht leicht, einen Raum zu finden.
Vorher haben die „Hot Dogs" in einer Garage geübt. Dort war es aber zu eng und zu kalt. Jetzt suchen sie einen größeren, warmen Raum. Sie schreiben eine Annonce für die Westdeutsche Zeitung.

Vier junge Musiker suchen
einen großen, warmen und billigen Raum, um zu proben. Da unsere Musik manchmal ein bißchen laut ist, brauchen wir freundliche Nachbarn.
Rufen Sie uns bitte an! Tel.: 02 02/22 74 97.

Gebrauchte Geige zu verkaufen, nur 100 DM.
Tel.: 02 02/23 45 45.

Gebrauchtes Klavier gesucht, möglichst billig.
Angebote unter Az. 37 95 72.

Der Raum muß groß sein:
ein großer Raum

Er muß warm sein:
ein warmer Raum

Er muß billig sein:
ein billiger Raum

Die Musik ist laut:
laute Musik

Die Musik ist leise:
leise Musik

Die Nachbarn sind freundlich:
freundliche Nachbarn

die Garage
die Garagen

Alles verboten!

tauchen

duschen

Ein Ball wird mit den Füßen getreten:
der Fußball

Ein Ball wird mit den Händen geworfen:
der Handball

Ein Ball wird mit dem Kopf geköpft:
der Kopfball

Wir spielen Ball mit den Füßen:
Wir spielen Fußball.

mit den Händen:

im Wasser:

Ein Ball aus Gummi: ein Gummiball.

Ein Ball aus Leder:

Thomas und Peter gehen schwimmen.
Peter ist erst neun Jahre alt.
Thomas soll auf ihn aufpassen.
Peter will sofort ins Wasser springen.

Thomas: Du mußt zuerst duschen, bevor du ins Wasser gehst.

Peter: Wieso? Im Atlantik mache ich das auch nicht.

Nachdem Peter sich geduscht hat, springt er endlich ins Wasser.

Bademeister: Du darfst nicht von der Seite hineinspringen!

Peter: Warum nicht? Ist das Wasser dort nicht tief genug?

Peter taucht sehr gerne. Als er wieder auftaucht, berührt er eine fremde Frau.

Die Frau: Was soll das?

Peter: Entschuldigung, ich habe Sie nicht gesehen.

Thomas ärgert sich über Peter: Der macht alles falsch. Plötzlich trifft ihn ein Ball am Kopf.

Thomas: Du darfst hier nicht mit dem Ball spielen!

Peter: Ich spiele doch nur Wasserball. Was darf man hier überhaupt?

Thomas: Schwimmen.

Wasserball ist ein schnelles und spannendes Spiel.
Auf dieser Seite lernst du die wichtigsten Spielregeln kennen.

Die wichtigsten Spielregeln

Es gibt zwei Mannschaften mit je 11 Spielern, nur 7 sind auf einmal im Wasser. Das Ziel ist, durch Würfe in das gegnerische Tor Punkte zu erzielen.

Das Becken muß 2 m tief sein.

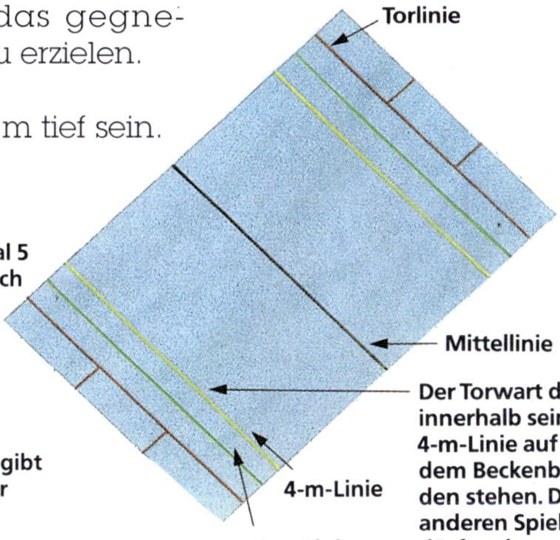

Die Spielzeit beträgt 4 mal 5 Minuten. Nach jedem Viertel wird die Seite gewechselt.

Bei Punkte-Gleichstand gibt es nach einer 5-minütigen Pause eine Verlängerung von 2 mal 3 Minuten.

Der Torwart darf innerhalb seiner 4-m-Linie auf dem Beckenboden stehen. Die anderen Spieler dürfen den Boden niemals berühren.

das Foul
die Fouls

Tor!

- Die Spieler können mit jedem Körperteil Tore erzielen.
- Es müssen vor einem gültigen Toreinwurf mindestens zwei Spieler den Ball berührt haben.
- Nach einem Tor fängt die Mannschaft, die den Treffer bekommen hat, von der Mitte wieder an.

fair

unfair

Foul!

Beim Wasserball spricht man von einem Foul, wenn ein Spieler
- den Ball mit beiden Händen fängt
- den Ball unter Wasser hält
- unfair spielt

Man kann sogar vom Spiel ausgeschlossen werden.

17 SPORT

Tennis oder Schach?

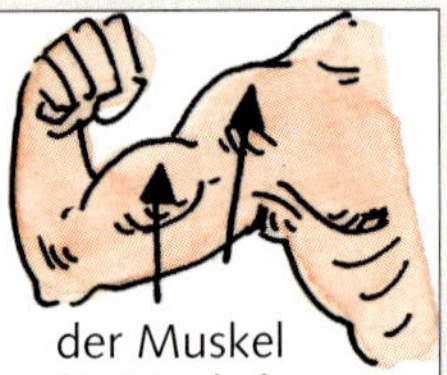

der Muskel
die Muskeln

Schach

Ich spiele
Trompete
Geige
Tennis
Fußball
Handball
Schach.

Wann kann ich Trompete spielen?

Heute nachmittag kannst du Trompete spielen.

Wann kann ich ...?

Morgen vormittag kannst du ....

Spielst du auch Trompete?

Nein, ich spiele Geige.

Spielst du auch ...?

Thomas:	Tennis oder Fußball? Das ist die Frage.
Andreas:	Wieso?
Thomas:	Ich spiele wirklich gerne Fußball, aber Tennis ist auch nicht schlecht.
Andreas:	Heißt das, daß du jetzt Tennis spielen willst? Wenn du Lust hast, dann kannst du mit in unseren Tennisclub kommen.
Thomas:	Ich habe aber keinen Tennisschläger.
Andreas:	Das macht nichts. Ich leihe dir meinen alten. Später kaufst du dir dann einen.
Thomas:	Tennisschläger sind unheimlich teuer.
Andreas:	Dann spielst du eben so lange Trompete in der Weihnachtszeit vor den Kaufhäusern, bis du genug Geld hast.
Thomas:	Und wann soll ich dann noch Fußball spielen?
Andreas:	Das weiß ich auch nicht.
Thomas:	Trompetenunterricht, Schulorchester, dann zwei Sportvereine, Gruppenstunde und Schule sind wirklich ein bißchen viel.
Eva:	Dann spiele doch einfach Schach. Das kostet fast nichts.
Andreas:	Schach ist doch kein Sport.
Eva:	Weil dort keiner seine Muskeln bewegt?

Die Radtour

Die Klasse 7c plant heute ihren Wandertag. Eva hat eine Idee.

Eva:	Ich schlage eine Radtour vor.
Verena:	Wo? In Wuppertal, obwohl es hier kaum Radwege gibt?
Jan:	Wenn wir mit dem Rad fahren, dann müssen wir an jedem Berg absteigen.
Herr Schneider:	Da Verena und Jan gegen eine Radtour sind, möchte ich noch andere Meinungen hören.
Verena:	Ich kann mich nicht entscheiden, bevor ich nicht das Ziel kenne. Wohin soll die Tour gehen?
Eva:	Wir fahren zuerst an der Wupper entlang. In etwa einer Stunde erreichen wir die Müngstener Brücke. Die Strecke ist sehr schön und eben. Wir müssen nur zuerst noch durch die Stadt fahren.
Stefan:	Schaffe ich das auch?
Eva:	Ganz bestimmt. Der Weg ist nicht steil, so daß sogar du das schaffst.
Herr Schneider:	Nachdem wir nun etwas mehr über den Vorschlag wissen, können wir abstimmen. Wer ist dagegen?

Die Müngstener Brücke (107 m)

Wir machen eine Radtour,

obwohl das Wetter schlecht ist

obwohl ich unsportlich bin.

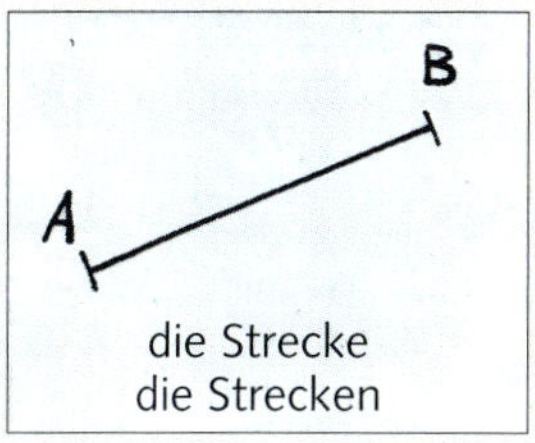

Wenn alles schläft

Wann am Tag?
- am Morgen/ morgens
- am Mittag/ mittags
- am Nachmittag/ nachmittags
- am Abend/ abends
- in der Nacht/ nachts

Wann?
gestern
heute
gerade
jetzt
gleich
am Ende der Stunde
in zwei Wochen
manchmal
oft
immer
nie

Wohin?
- zur Schule/in die Schule gehen
- in die Klasse gehen
- zur Toilette gehen/ müssen

die Klingel
die Klingeln

das Ende
die Enden

Lehrer:	Guten Morgen!
Klasse:	Guten Morgen, Herr Palm!
Lehrer:	Wo sind wir gestern stehengeblieben?
Thomas:	Wenn *Sie* das schon nicht wissen ...
Lehrer:	Thomas, du möchtest uns etwas dazu sagen?
Thomas:	Eigentlich nicht. Ich glaube, ich habe Sie gerade nicht ganz richtig verstanden. Aber wie ist das mit unserem Wandertag?
Andreas:	Ja, genau! Der ist doch schon in zwei Wochen.
Lehrer:	Darüber sprechen wir am Ende der Stunde. Holt bitte erst mal eure Hausaufgaben heraus!
Andreas zu Thomas:	Hast du die gemacht? Laß doch mal sehen.
Thomas:	Ich muß mal zur Toilette.
Lehrer:	Sabine, liest du bitte vor?
Thomas:	Da haben wir ja noch einmal Glück gehabt.
Lehrer:	Thomas, hörst du wohl jetzt auf zu reden.
Thomas zu Andreas:	Ja, ja. Wenn alles schläft und einer spricht, so etwas nennt man Unterricht.
Lehrer:	Jetzt reicht's aber. Wenn du nicht aufpaßt, kannst du dir deine Note bald an fünf Fingern abzählen. Haben wir uns verstanden?

So schön kann Schule sein!

Thomas muß einen Aufsatz schreiben.
Er hat einen ganzen Nachmittag über sich
und die Schule nachgedacht.
Aber so ganz ernst meint er es wohl doch nicht:

Am Morgen stehst du auf. Die Sonne lacht,
denn du darfst gleich zur Schule gehen.
In der Schwebebahn träumst du noch von
den schönen Stunden gestern in der Schule
und denkst:
Warum schwebt sie nur so langsam?
Endlich bist du angekommen. Du kommst
natürlich nie zu spät.
Wenn du die Schulklingel hörst, gehst
du schnell in deine Klasse. Da setzt
du dich natürlich ganz nach vorn,
damit du deinen Lehrer besser hören
und sehen kannst.
Voller Freude wartest du auf ihn und
hoffst, daß du deine Hausaufgaben vor-
lesen darfst. Doch welche Überraschung:
Wir schreiben eine Klassenarbeit!
Jetzt willst du deinem Lehrer aber
zeigen, was du alles weißt!
Ja, so schön kann Schule sein!

Was wird wohl der Lehrer dazu sagen?

Chemie ist das, was immer stinkt,
Physik ist das, was nie gelingt.

Achtung!

Wer morgens etwas später kommt,
geht ganz rechts.
Dann kann er nicht mit den
anderen Schülern zusammenstoßen,
die mittags etwas früher gehen.

Wie lange?
- eine Stunde
- einen ganzen Nachmittag

Wo?
Du sitzt
in der Schwebebahn
in der Schule
in der Klasse
im Unterricht
auf der Toilette

Wo sitzt du?
vorn
in der Mitte
hinten

Wohin?
Du gehst in deine Klasse.

Wie?
langsam
schnell

Seit wann?
- seit du Englisch bei **ihm** hast
- seit gestern
- seit Montag

Seit wann lernst du Deutsch?

Schule kann Spaß machen.
Schule soll Spaß machen. Oder?
Die meisten Schüler der 8b gehen ganz gern zur Schule.
Aber da sind auch manche Sachen, die sie stören.
Dafür gibt es einen ‚Kummerkasten' in der Klasse.
Wenn die Schüler etwas stört, schreiben sie das auf ein Blatt Papier
und werfen es in den ‚Kummerkasten'.
Nach einiger Zeit wird er geöffnet, und die Zettel werden gelesen.
Dann überlegen alle zusammen, was man tun kann,
wenn einem an der Schule etwas nicht gefällt.

Hier sind die Zettel von der letzten Woche:

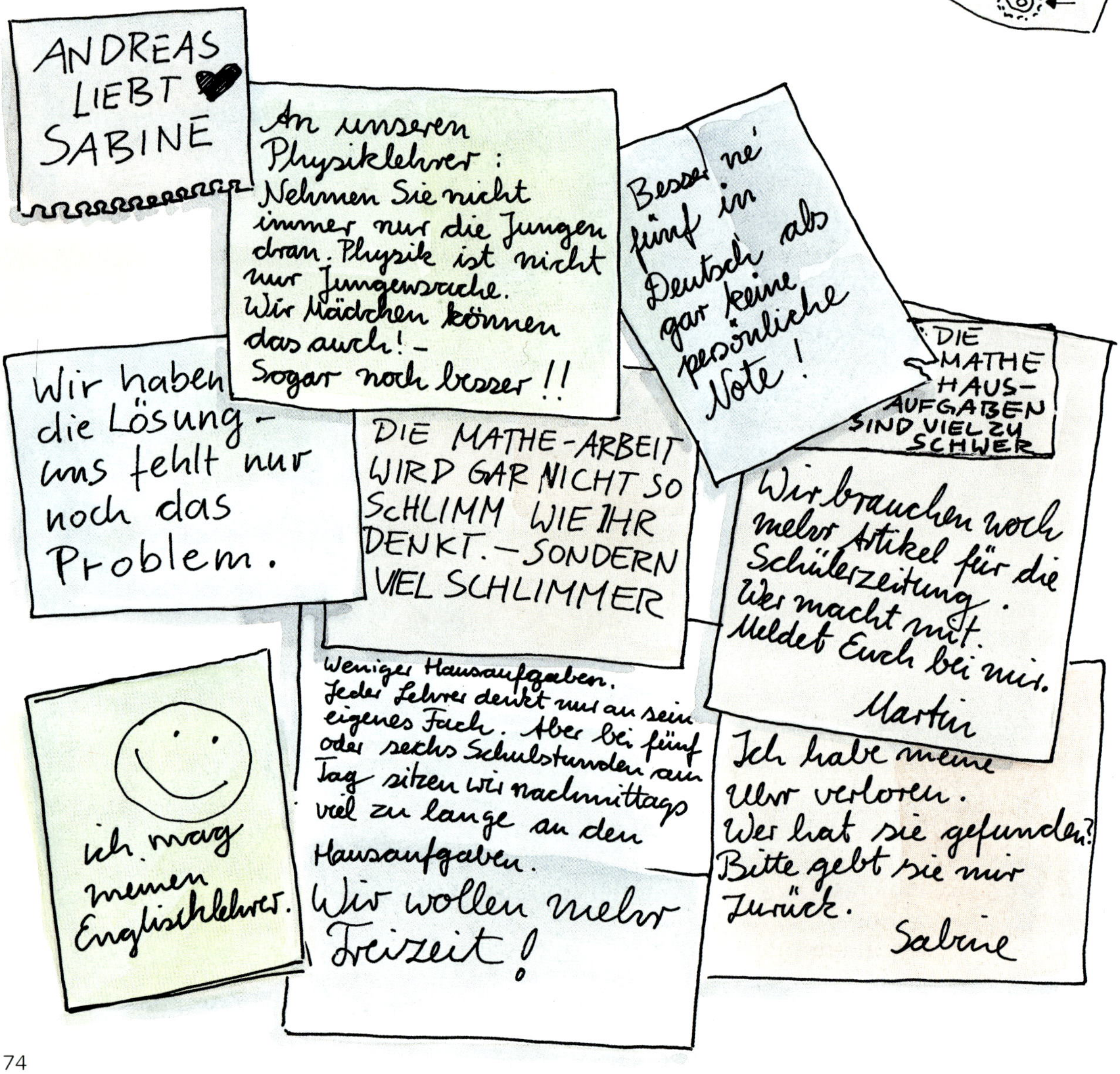

Zeugnisse

Thomas: Ich verstehe gar nicht, warum Herr Palm mir nur eine Vier in Englisch gegeben hat.

Sabine: Das fragst du noch?

Thomas: Ja, ich kann doch Englisch: Jeans, Disco, Computer ...

Eva: Damit kannst du ja *fast* schon selber Englischlehrer werden.
Ich weiß wirklich nicht, wie Herr Palm es mit dir im Unterricht aushalten kann.

Thomas: Ach, bei dir darf man ja nur nichts gegen Herrn Palm sagen.
Das ist wohl dein Lieblingslehrer ...

Eva: Stimmt gar nicht! Englisch ist einfach nur mein Lieblingsfach ...

Thomas: ... seit du Englisch bei Herrn Palm hast.

Eva: Ach, Englisch ist doch wirklich schön – solange *du* es nicht sprichst.

Thomas: Sprechen wir doch lieber von den Lehrern.
Manchmal möchte ich denen auch Noten geben.

Sabine: Ja, warum eigentlich nicht?

Lehrerzeugnis

für Herrn/~~Frau~~ Palm

Noten: 1 = sehr gut, 2 = gut, 3 = befriedigend, 4 = ausreichend, 5 = mangelhaft, 6 = ungenügend

macht interessanten Unterricht	gut
kann gut zuhören	gut
gibt gute Noten	mangelhaft
ist gerecht	gut
schreit nicht	ausreichend
hilft uns	gut
erklärt gut	sehr gut
ist witzig	gut
versteht Spaß	befriedigend

kann so bleiben, wie er/~~sie~~ ist ✓

muß sich ändern

Wuppertal, 23. Juli

Ihre lieben Schüler

19 WOHNEN

Kinderzimmer sind out

die Abstellkammer
die Abstellkammern

die Tapete
die Tapeten

genug

die Möbel

Was hältst du davon,

wenn hier mal tapeziert wird

wenn hier mal aufgeräumt wird

wenn du die neuen Wörter lernst

wenn die Stunde bald zu Ende ist

wenn jetzt mal alle ruhig sind?

Martin:	Wie sieht das denn hier aus?
Thomas:	Wieso?
Martin:	Ja, irgendwie sieht dein Zimmer aus wie ein Kinderzimmer und gleichzeitig wie eine Abstellkammer.
Thomas:	Was soll ich denn machen? Das war ja auch mal mein Kinderzimmer. Geld für neue Möbel habe ich nicht.
Martin:	Du brauchst auch gar keine neuen Möbel. Die alten sind doch noch gut genug. Was hältst du denn davon, wenn wir dein Zimmer neu tapezieren und die Möbel ein bißchen anders stellen.
Thomas:	Eine Super-Idee! Nur, welche Tapeten soll ich kaufen? Ich habe doch kein Geld.
Martin:	Komm, wir fragen deine Eltern, ob wir tapezieren dürfen. Vielleicht schenkt dein Vater dir die Tapeten.
Thomas:	Ich weiß nicht. Mein Vater hat das Zimmer erst vor drei Jahren tapeziert. Wer hilft mir denn überhaupt beim Tapezieren?
Martin:	Ja, ich natürlich und Andreas. Der ist der schnellste Kleber im Bergischen Land. Hallo, Eva! Was hältst du davon, wenn hier mal tapeziert wird?
Eva:	Vor allen Dingen muß hier mal aufgeräumt werden!

Tapeten

Andreas: Seht mal hier, eine schwarze Tapete.
Wie findet ihr die?

Thomas: Damit kannst du deinen Sarg tapezieren!

Martin: Zeig mal! Stark, aber ich glaube, wenn Thomas sein Zimmer schwarz tapeziert, sind seine Eltern wenig glücklich.
Was kostet die überhaupt?

Thomas: 52 Mark pro Rolle. Ich bin doch kein Millionär.
Ich nehme eine einfache Tapete.
Die ist am billigsten.

Martin: Wie viele Rollen brauchen wir eigentlich?

Thomas: Das kommt darauf an, wieviel Meter auf einer Rolle sind. Ich habe ausgemessen:
Das Zimmer ist 2,10 m hoch, und die Grundfläche beträgt 3,05 m x 4,25 m.
Woher soll ich wissen, wie viele Rollen ich da brauche.

Andreas: Das darf doch nicht wahr sein!
Der weiß nicht einmal, wieviel Tapete er braucht.
Soll ich das jetzt etwa ausrechnen?

Martin: Es wird uns wohl nichts anderes übrigbleiben.
Also, das Zimmer ist 2,10 m hoch.
Für die Decke nehmen wir auch Tapete.
Insgesamt sind das ... Meter. Das Fenster und die Tür ziehen wir nicht ab.
Dann haben wir ein bißchen Reserve.
Wenn 25 Meter auf einer Rolle sind und jede Rolle 50 cm breit ist, dann brauchen wir ... Rollen.

der Sarg
die Särge

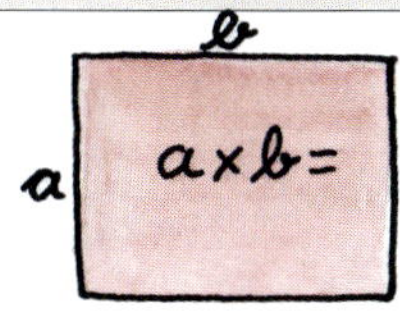

die Grundfläche
die Grundflächen

Ich möchte wissen,

wo
wir die Tapete kaufen

wie
ihr die schwarze Tapete findet

wieviel
jede Rolle kostet

wie viele
Rollen wir brauchen

wieviel
Meter auf einer Rolle sind

wie viele
Fenster das Zimmer hat

wie
man tapeziert.

Nun ist das Zimmer neu tapeziert.
Thomas räumt seine Sachen ein:
Die Hosen und T-Shirts legt er in den Schrank. Die Spielzeugautos steckt er in eine Kiste und schiebt sie unter den Schrank. Den Wecker stellt er neben das Bett. Die Schulhefte legt er auf den Schreibtisch. Die Schultasche stellt er in eine Ecke. Den Walkman legt er auf den Schreibtisch neben die Hefte. Die Kassetten für den Walkman stapelt er in das Bücherregal. - Bald ist das Regal voll. Die alten Kinderbücher liegen noch auf dem Boden.

Thomas überlegt, wohin er die Bücher nun stellen soll. Er blättert in einem Buch und findet folgenden Text:

Christine Frick-Gerke

Bücher kann man lesen

Kind: Bücher kann man lesen,
Bücher kann man angucken,
Bücher kann man mitnehmen
auf eine große, große Reise.

Buch: Oh, sehr schön!

Kind: Bücher kann man immer wieder lesen,
Bücher kann man gemütlich durchblättern,
Bücher kann man einpacken
und überall mit hinnehmen.

Buch: Keine schlechte Idee!

Kind: Bücher kann man schön finden,
Bücher kann man schrecklich schön finden,
Bücher kann man eigentlich
richtig liebhaben.

Buch: Mmmmm!

Kind: Bücher kann man streicheln,
Bücher kann man anknabbern.

Buch: Hör bloß auf!

Kind: Bücher kann man
im hohen Bogen in die Ecke schmeißen.

Buch: Ich glaub, du spinnst!

Kind: Verzeihung!

Das Plakat

Thomas und Martin stehen in der Pause auf dem Schulhof. Plötzlich entdeckt Thomas ein Plakat. Das ist die Lösung! Endlich weiß er, was er mit seinen alten Kinderbüchern macht.

Wer ist Georg Büchner?

an der Tür
auf der Straße
aus ...
bei ...
durch ...
in ...
hinter ...
mit ...
nach ...
neben ...
über ...
um ...
unter ...
von ...
vor ...
zu ...
zwischen ...

Weihnachten ohne Geschenke

Geschenke zu Weihnachten:
Weihnachtsgeschenke

Lieder zu Weihnachten:
Weihnachtslieder

Bäume für Weihnachten:
Weihnachtsbäume

Geschichten von Weihnachten:
Weihnachtsgeschichten

Es ist gemütlich,
im Bett zu lesen
auf dem Sofa zu liegen
am Kamin zu sitzen.

Es ist gemütlich,
wenn es regnet und
man im Trockenen sitzt.
...

Ende November wird es schon früh dunkel. Eva und Thomas sitzen mit ihren Eltern beim Abendessen. Sie haben eine Kerze mitten auf den Tisch gestellt, weil das so gemütlich aussieht.

„Jetzt sind es nur noch vier Wochen bis Weihnachten," meint Vater.
„Ja", antwortet Mutter, „und wißt ihr noch, was wir voriges Jahr ausgemacht haben? Da haben wir gesagt: Nächstes Jahr kaufen wir zu Weihnachten keine Geschenke."

„Stimmt!" sagt Thomas, „ich finde das auch gut so. Ich habe nämlich keine Lust, durch die vollen Geschäfte zu laufen und mein Geld für Geschenke auszugeben, die doch keiner braucht."

„Ich weiß nicht", meint Eva, „eigentlich habe ich mich über die Weihnachtsgeschenke immer gefreut. Aber ich kann auch ohne Geschenke leben. Dann kaufe ich mir eben selber etwas von meinem Geld."

Weihnachtsrummel

„Hast du heute nachmittag Zeit?" fragt Sabine in der Pause ihre Freundin Eva.

„Ja, heute nachmittag habe ich noch nichts vor."

„Dann laß uns doch zusammen nach Köln fahren und uns die Geschäfte auf der Hohen Straße ansehen."

Mit der Bahn sind Sabine und Eva nach Köln gefahren. Am Vormittag hat es ein bißchen geschneit. Der Schnee liegt jetzt nur noch auf den Dächern. Die Straßen sind voll Matsch.
Auf der Hohen Straße drängen sich die Menschen. Alle wollen Weihnachtsgeschenke kaufen. Lichterketten hängen als Weihnachtsbeleuchtung zwischen den Fassaden. Alle Schaufenster sind hell erleuchtet. Ein Trompeter steht an der Straßenecke und spielt: „Alle Jahre wieder ...".
Eine Ecke weiter steht ein alter Mann mit einer Geige. Er spielt: „Oh, du fröhliche ...". Aber man kann ihn beinahe nicht hören.

die Trompete
die Trompeten

der Trompeter
die Trompeter

die Geigerin
die Geigerinnen

das Dach
die Dächer

Das Wetter:

Es schneit.
Es regnet.
Es friert.
Es taut.
Es stürmt.
Es blitzt.
Es donnert.

Es ist kalt.
Es ist kühl.
Es ist warm.
Es ist heiß.

Einkaufsbummel

Was schenke ich wem?

einen Schlips
ein Stück Seife
ein Paar Handschuhe
ein Buch
eine CD
eine Videokassette

Ich schenke meinem Vater einen Schlips.

Ich schenke meiner Mutter

Ich schenke ...

Ich habe keine Lust,
keine Zeit,
kein Geld,
kein Interesse,

einen Brief zu schreiben
in die Stadt zu gehen
ein Buch zu lesen
ins Kino zu gehen
Geschenke zu kaufen.

Eva und Sabine sehen sich die Schaufenster an. „Was schenkst du deiner Mutter zu Weihnachten?" will Sabine wissen.

Eva: Nichts!

Sabine: Nichts? Das ist aber wenig! Warum willst du deiner Mutter denn nichts schenken? Habt ihr Streit?

Eva: Nein, aber im letzten Jahr haben wir gesagt, daß wir uns Weihnachten nichts mehr schenken wollen.

Sabine: Das finde ich aber schade. Es ist doch toll, etwas auszusuchen und zu verschenken. Und wenn der andere sich dann darüber freut – das finde ich gut.

Eva: Ich meine das ja auch. Aber Thomas und mein Vater haben letztes Jahr gesagt, daß sie es furchtbar finden, wenn sie Weihnachtsgeschenke kaufen müssen.
Thomas war richtig sauer. Er hat keine Lust, in die Stadt zu gehen. Und mein Vater hat keine Zeit.

Sabine: Na, gut. Aber du kannst das doch machen, wie du willst.
Also, wenn ich jemand etwas schenken will, dann tue ich das – egal, ob der will oder nicht.

Eva: Eigentlich hast du recht. Meine Mutter freut sich bestimmt über ein schönes Parfüm.
Und Thomas und Vater bekommen auch ihre Weihnachtsüberraschung.

Sabine: Na, dann komm! Wir gehen zuerst in die Parfümerie.

Oh, du fröhliche ...

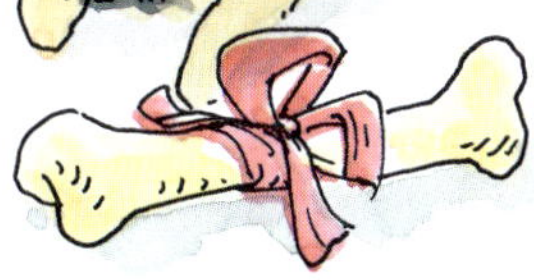

Vater: Wer hat mir denn den schönen Schlips geschenkt?

Eva: Der ist von mir. Den hab ich in Köln in einem Schaufenster gesehen. Und von wem ist diese schöne, bunte Armbanduhr?

Mutter: Die habe ich für dich ausgesucht.

Thomas: Das ist ja genau die CD, die ich mir gewünscht habe. Aber für euch habe ich nichts. Ich denke, wir wollen uns zu Weihnachten nichts mehr schenken.

Eva: Eigentlich nicht. Aber dann habe ich es mir doch anders überlegt.

Thomas: Jetzt verstehe ich überhaupt nichts mehr. Erst will keiner Geschenke kaufen, und dann kaufen alle etwas, nur ich nicht.

Mutter: Also gut: Nächstes Jahr schenken wir uns bestimmt nichts mehr!

Eva: Und ich gehe dann in die Disco und nicht unter den Tannenbaum.

21 ESSEN UND TRINKEN

Kocht euch selbst was Schönes!

Thomas: Hab ich Hunger ...
Mama, was gibt es denn heute?
Ach du bist es nur.
Wo ist denn Mama?

Eva: Hast du den Zettel auf dem Küchentisch nicht gesehen?

Thomas: Welchen Zettel?

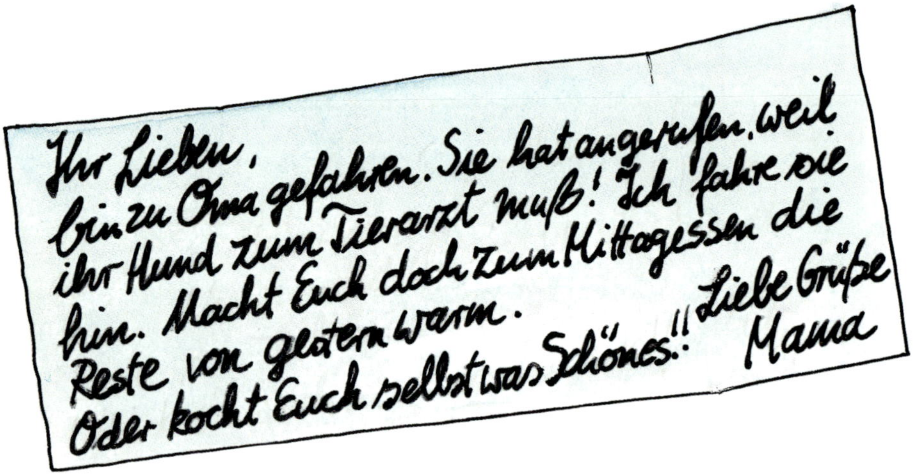
Ihr Lieben,
bin zu Oma gefahren. Sie hat angerufen, weil
ihr Hund zum Tierarzt muß! Ich fahre sie
hin. Macht Euch doch zum Mittagessen die
Reste von gestern warm. Liebe Grüße
Oder kocht Euch selbst was Schönes!! Mama

Thomas: Was? Mama ist weg?
Und was ist mit unserem Mittagessen?

Eva: Wir dürfen unsere Kochkünste heute selber ausprobieren.
Oder möchtest du die Reste von gestern aufwärmen?

Thomas: Von gestern ...?
Nein, bloß nicht schon wieder Erbsensuppe.
Die kann Papa heute abend essen.

Eva: Also gut. Was schlägst du vor?

der Gast – die Gäste
der Gruß – die Grüße
die Kunst – die Künste

Ich habe einen Gast aus Frankreich.
Du hast aber viele Gäste!

ein (lieber) Gruß
viele (liebe) Grüße

Kochen ist eine Kunst.
Probier doch mal deine Kochkünste !
Schreiben ist ....
Malen ist ....

der Rest – die Reste
das Rezept – die Rezepte

Hier ist noch ein Rest von der Erbsensuppe.
Hast du Hunger darauf?
Nein danke, ich esse nicht so gern die Reste von gestern.

Wo hast du das Rezept für die Waffeln?
Hier. Ich habe aber noch mehr R

Guten Appetit!

Wir haben die Wahl:
Möchtest du lieber Pfannkuchen oder Hawaii-Toast?

Das ist einfach und geht schnell.

REZEPTE

Pfannkuchen | **Hawaii-Toast**

für zwei Personen braucht man:

Pfannkuchen:

4 Eier
1/4 l Milch
200 g Mehl
etwas Salz
oder Zucker

Hawaii-Toast:

2 Scheiben Toast
etwas Butter
2 Scheiben Schinken
2 Scheiben Ananas
2 Scheiben Käse
2 Kirschen

Pfannkuchen:

Zuerst das Mehl und die Milch verrühren.

Dann die Eier und das Salz/den Zucker hinzufügen.

Alles gut verrühren

und (in der Pfanne) backen.

Noch ein Tip: Süß schmecken sie auch mit Eis oder Sahne sehr gut!

Hawaii-Toast:

Toast mit Butter bestreichen,

Schinken, Ananas und Käse darauf legen,

Kirsche in die Mitte setzen

und im Ofen 10-15 Minuten backen.

Noch ein Tip: Am besten macht man gleich zwei Toasts für jeden!

GUTEN APPETIT!

Und was kocht ihr am liebsten?

eine Erbse
zwei Erbse**n**

eine Scheibe
zwei Scheibe**n**

eine Kirsche
zwei Kirsche**n**

eine Person
zwei Person**en**

eine Zahl
zwei Zahl**en**

ein Ei
vier Ei**er**

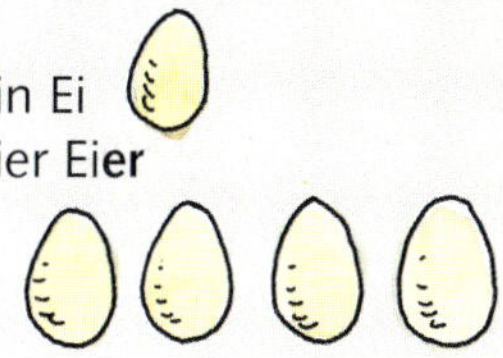

ein Toast
zwei Toast**s**

ein Tip
viele Tip**s**

zwei Pfannkuchen
zwei Zettel

zwei Messer
zwei Teller

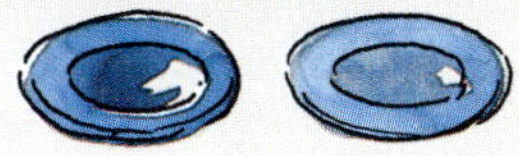

21 ESSEN UND TRINKEN

Heute bleibt die Küche kalt

Möchtest du ...
oder möchtest
du lieber ...?

Dein Vorschlag?
Was schlägst du vor?

Nein, lieber nicht.
Nein, bloß nicht!
Natürlich nicht.

Warum nicht?

Ich weiß nicht.

Mir ist das recht.

Das hört sich gut an.

Also gut.

Ja, gut.

Toll!

Prima Idee!

Gute Idee!

Vater:	Wißt ihr was? Ihr habt gestern so schön gekocht. Heute bleibt die Küche mal kalt. Ich lade euch zum Essen ein!
Thomas:	Gute Idee! Wohin sollen wir gehen?
Vater:	Das dürft ihr euch aussuchen.
Eva:	Vielleicht zum Griechen? Da sind die Salate immer so lecker.
Mutter:	Warum nicht zum Italiener? Italienische Salate schmecken doch auch gut. Und ich kann wenigstens mal mein Italienisch ausprobieren.
Thomas:	Benissimo! Mir ist das recht. Ich glaube, ich bin international. Mir schmeckt nämlich alles. Vorige Woche hat übrigens ein neues italienisches Restaurant aufgemacht. Da braucht man nicht einmal zu bezahlen, wenn man Glück hat.
Vater:	Das hört sich ja gut an. Muß man dann dafür spülen?
Thomas:	Natürlich nicht. Wie das geht, seht ihr dann schon.
Vater:	Also gut, lassen wir uns überraschen.

Im Restaurant

La Tombola

Liebe Gäste,
Willkommen in unserem Restaurant.
Mit ein bißchen Glück brauchen Sie für unser gutes Essen nicht einmal zu zahlen. Sie sagen dem Ober (nach dem Essen) einfach eine Zahl zwischen 1 und 100. Dann gibt Ihnen der Ober eine Schüssel mit 100 Zahlen. Daraus ziehen Sie eine. Wenn es dieselbe Zahl ist, sind Sie Gast des Hauses!

Salate	*grüner Salat*	*5,30 DM*
	italienischer Salat	*8,50 DM*
Suppen	*Tomatensuppe*	*6,50 DM*
Hauptspeisen	*Spaghetti*	*9,50 DM*
	Nudeln mit Schinken	*10,50 DM*
Nachspeisen	*Eis mit Sahne*	*5,50 DM*

Thomas sieht sich die Speisekarte an.

Thomas: Hhm ... Wenn ich das so sehe, weiß ich gar nicht, was ich nehmen soll. Salate ..., Suppen ..., Nudeln mit Schinken ...

Eva: Ich glaube, ich nehme nur ein Glas Cola und einen italienischen Salat.

Mutter: Den nehme ich auch. Aber dazu trinke ich lieber ein Glas Wein.

Nachdem alle bestellt haben, warten sie einige Zeit auf das Essen. Aber nach zehn Minuten steht es auf dem Tisch.

Eva: Hhm ... Das sieht ja gut aus. Aber mit zwei Messern kann ich meinen Salat schlecht essen.

Thomas: Dafür habe ich zwei Gabeln. Hier hast du eine ... Oh!

Thomas hat gerade sein Glas Cola umgestoßen. Der ganze Tisch ist naß. Auch die Servietten sind nicht mehr zu gebrauchen.

Eva: Kannst du dich nicht benehmen?

Thomas: Ich weiß gar nicht, was du hast.
So etwas kann doch jedem passieren.
Hauptsache, das Essen schmeckt.

Das hat wohl allen sehr gut geschmeckt. Nach dem Essen kommt der Ober und bringt die Rechnung.

Ober: Hat es Ihnen geschmeckt?

Vater: Ja, danke. Sehr gut.

Mutter: So, nun wollen wir mal sehen, wer sein Essen nicht bezahlen muß.

Nur Eva zieht die richtige Zahl.

Vater: Du hast Glück gehabt.
Aber wir haben Pech.
Ich habe nämlich mein Geld vergessen ...

die/eine Suppe
die/zwei Suppe**n**

die/eine Nachspeise
die/zwei Nachspeise**n**

die/eine Nudel
die/viele Nudel**n**

die/eine Gabel
die/zwei Gabel**n**

Guten Appetit!
Danke, gleichfalls!

Wie schmeckt es dir?
Danke, sehr gut.

Hat es dir geschmeckt?
Ja, danke, sehr gut.

Ausgezeichnet!

Interviewer: Lieber Herr Daff, darf ich Ihnen einige Fragen zum Thema „Lesen" stellen?

Daffi: Aber mit dem größten Vergnügen, Herr Bücherwurm!

Interviewer: Frage 1: **Wo** lesen Sie am liebsten?

Daffi: Tja, äh, ja also am liebsten lese ich - im Bett ...

Und du?

Interviewer: Sehr gut, Herr Daff. Und nun Frage 2: **Wann** lesen Sie am liebsten?

Daffi: Wann? Tja, äh, am liebsten lese ich - montags ...

Und du?

Interviewer: Sehr lustig, Herr Faff, äh, Herr Daff. Frage 3: **Wie** oft lesen Sie?

Daffi: Also, das ist eine gute Frage. Tja, also, ein Buch habe ich schon gelesen ...

Und du?

Interviewer: Ja, also Herr Daff, Ihre Antworten sind wirklich, ja, wie soll ich sagen? Und nun bitte die letzte Frage: Was lesen Sie am liebsten?

Daffi: Das ist eine schwere Frage. Ja, was lese ich denn? Bitte, was kann man denn alles lesen???

JUMA
DAS JUGENDMAGAZIN

Ein Freund,

Jobs zwischen Popcorn und Computer

Märchen
Krimis
Comics
Zeitschriften
Sachbücher
Mädchenbücher
Romane

Hoppla,
das sind ja
Buchstaben,
nein Wörter,
nein kurze
Geschichten.

Solche Geschichten fallen euch auch ein!

Stille Post

Hier wird die Nachricht nicht mit der Bahn transportiert, sondern von Ohr zu Ohr!
Nummer 1 denkt sich einen Satz aus und sagt ihn Nr. 2 *leise* ins Ohr.
Nr. 2 gibt die Nachricht an Nr. 3 und so weiter.
Der letzte Spieler sagt dann laut, was er verstanden hat.
Hat sich die Nachricht auf ihrem Weg geändert?
Je größer die Gruppe, desto größer der Spaß!

Die Wortkette

Das Spiel ist ganz einfach: Jeder sagt ein Wort, aber nicht irgendeins: Der letzte Buchstabe eines Wortes muß der erste Buchstabe des nächsten Wortes sein.

Noch spannender wird es, wenn jeder Spieler nur 15 Sekunden Zeit hat. Wem kein Wort einfällt, der darf nicht mehr mitspielen.

Kofferpacken

Die Reise geht los, aber zuerst muß der Koffer gepackt werden ...
Das Spiel geht so:
Nr. 1 fängt an: „Ich fahre nach Paris. In meinen Koffer packe ich: einen Pulli."
Nr. 2 sagt: „Ich fahre nach Paris."
In meinen Koffer packe ich: einen Pulli und ein Buch."
Nr. 3 setzt fort: „Ich fahre nach Paris. In meinen Koffer packe ich: einen Pulli, ein Buch und mein Kuscheltier."

Der Koffer wird immer schwerer. Wer das beste Gedächtnis hat, hat gewonnen.
Wer einen Fehler macht, darf leider nicht mit verreisen!

WÖRTERLISTE

A
ab, Kap. 14
Abend, der, Kap. 3
aber, Kap. 2
abfahren, Kap. 11
Abfall, der, Kap. 9
ablegen, Kap. 14
abschneiden, Kap. 15
absteigen, Kap. 17
abstimmen, Kap. 17
abzählen, Kap. 18
Achtung, die, Kap. 18
alle, Kap. 7
allein, Kap. 5
als, Kap. 4
also, Kap. 1
alt, Kap. 11
Ampel, die, Kap. 11
an, Kap. 4
anderer, Kap. 10
ändern, Kap. 11
anders, Kap. 19
anfahren, Kap. 13
anfangen, Kap. 5
Angebot, das, Kap. 16
Angst, die, Kap. 8
angucken, Kap. 19
ankleben, Kap. 15
anknabbern, Kap. 19
ankommen, Kap. 18
Anleitung, die, Kap. 15
anrufen, Kap. 21
ansehen, Kap. 20
Antwort, die, Kap. 10
antworten, Kap. 20
anziehen, Kap. 6
Appetit, der, Kap. 21
Arbeit, die, Kap. 9
arbeiten, Kap. 13
Ärger, der, Kap. 8
ärgern, Kap. 9
Arm, der, Kap. 13
Armbanduhr, die, Kap. 15
Artikel, der, Kap. 12
Arzt, der, Kap. 13
atmen, Kap. 14
auch, Kap. 1
auf, Kap. 2
aufhängen, Kap. 5
aufheben, Kap. 9
aufmachen, Kap. 21
aufpassen, Kap. 17
aufräumen, Kap. 19
Aufsatz, der, Kap. 16
auftauchen, Kap. 17
aufwärmen, Kap. 21
Aufzug, der, Kap. 7
Auge, das, Kap. 15
aus, Kap. 1
ausgeben, Kap. 20
aushalten, Kap. 18
ausländisch, Kap. 7
ausleihen, Kap. 8
ausmachen, Kap. 20
ausmessen, Kap. 19
auspacken, Kap. 5
ausprobieren, Kap. 8
ausrechnen, Kap. 19
ausschließen, Kap. 17
aussehen, Kap. 20
ausstellen, Kap. 9
aussuchen, Kap. 21
außerdem, Kap. 16
Auto, das, Kap. 1

B
backen, Kap. 21
Bad, das, Kap. 6
Bademeister, der, Kap. 17
Bahn, die, Kap. 20
bald, Kap. 7
Ball, der, Kap. 17
Band, das, Kap. 16
Bank, die, Kap. 7
Bär, der, Kap. 7
Bastelbuch, das, Kap. 15
Bauch, der, Kap. 11
bauen, Kap. 15
Becken, das, Kap. 17
bedeuten, Kap. 11
Bedienungs-
anleitung, die, Kap. 15
beginnen, Kap. 3
begrüßen, Kap. 9
behalten, Kap. 15
bei, Kap. 3
beide, Kap. 15
Bein, das, Kap. 13
beinahe, Kap. 20
beißen, Kap. 13
bekommen, Kap. 15
bellen, Kap. 13
benehmen, Kap. 21
beobachten, Kap. 14
Berg, der, Kap. 10
Beruf, der, Kap. 16
beruhigen, Kap. 15
berühren, Kap. 17
beschützen, Kap. 14
besonders, Kap. 9
bestehen, Kap. 15
bestellen, Kap. 21
bestimmt, Kap. 3
bestreichen, Kap. 21
betragen, Kap. 17
Bett, das, Kap. 8
bevor, Kap. 17
bewegen, Kap. 17
bezahlen, Kap. 6
Bild, das, Kap. 9
billig, Kap. 7
binden, Kap. 15 bis, Kap. 14
bißchen, Kap. 10
bitte, Kap. 3
Blase, die, Kap. 22
Blatt, das, Kap. 18
blättern, Kap. 19
blau, Kap. 6
bleiben, Kap. 2
Blick, der, Kap. 15
blind, Kap. 12
blinzeln, Kap. 15
blöd, Kap. 7
bloß, Kap. 19
Bluse, die, Kap. 2
bluten, Kap. 13
Boden, der, Kap. 9
Bogen, der, Kap. 19
böse, Kap. 6
braten, Kap. 22
brauchen, Kap. 3
brechen, Kap. 13
breit, Kap. 11
bringen, Kap. 21
Brücke, die, Kap. 17
Bruder, der, Kap. 1
Buch, das, Kap. 19
Buchstabe, der, Kap. 22
bunt, Kap. 20
Bürgersteig, der, Kap. 11
Bus, der, Kap. 11
Butter, die, Kap. 21
Butterbrotpapier, das, Kap. 9

C
Café, das, Kap. 7
Chemie, die, Kap. 9

D
da, Kap. 1
dabei, Kap. 10
Dach, das, Kap. 20
dafür, Kap. 7
dagegen, Kap. 11
dahin, Kap. 16
damit, Kap. 2
Dank, der, Kap. 13
danke, Kap. 3
dann, Kap. 3
darauf, Kap. 12
daraus, Kap. 21
darüber, Kap. 7
darum, Kap. 11
dauern, Kap. 6
davon, Kap. 7
dazu, Kap. 13
Decke, die, Kap. 19
dein, Kap. 1
denken, Kap. 11
denn, Kap. 2
deshalb, Kap. 9
deutsch, Kap. 2
dick, Kap. 11
Dienstag, der, Kap. 10
dieser, Kap. 10
Ding, das, Kap. 19
doch, Kap. 1
Donnerstag, der, Kap. 10
dort, Kap. 15
Dose, die, Kap. 14
drängen, Kap. 20
draußen, Kap. 13
drinnen, Kap. 15
drücken, Kap. 15
du, Kap. 1
dunkel, Kap. 20
Dunkelheit, die, Kap. 11
durch, Kap. 11
durchblättern, Kap. 19
dürfen, Kap. 9
duschen, Kap. 17

E
eben, Kap. 7
ebenfalls, Kap. 15
Ecke, die, Kap. 11
egal, Kap. 16
Ei, das, Kap. 21
eigener, Kap. 11
eigentlich, Kap. 7
einfach, Kap. 7
einfallen, Kap. 22
einige, Kap. 9
Einkauf, der, Kap. 7
einkaufen, Kap. 5
einladen, Kap. 3
einmal, Kap. 8
einpacken, Kap. 19
einverstanden, Kap. 12
Eis, das, Kap. 10
Eisenbahn, die, Kap. 14
Elefant, der, Kap. 22
Eltern, die, Kap. 8
Ende, das, Kap. 18
endlich, Kap. 8
eng, Kap. 6
entdecken, Kap. 12
Ente, die, Kap. 9
entlang, Kap. 17
entscheiden, Kap. 17
Entschuldigung, die, Kap. 17
entwerfen, Kap. 9
Erbsensuppe, die, Kap. 21
Erdgeschoß, das, Kap. 7
erholen, Kap. 10
erlauben, Kap. 8
erleuchten, Kap. 20
ernst, Kap. 9

erreichen, Kap. 17
erscheinen, Kap. 15
erzählen, Kap. 3
erzielen, Kap. 17
essen, Kap. 3
Etage, die, Kap. 7
etwa, Kap. 5
etwas, Kap. 2

F

Fach, das, Kap. 18
Fähre, die, Kap. 14
fahren, Kap. 1
Fahrstuhl, der, Kap. 7
fallen, Kap. 22
falsch, Kap. 4
Familie, die, Kap. 8
fangen, Kap. 9
fast, Kap. 7
Fehler, der, Kap. 22
Fenster, das, Kap. 3
Fensterbank, die, Kap. 15
Ferien, die, Kap. 14
fernsehen, Kap. 10
festhalten, Kap.
fett, Kap. 11
finden, Kap. 8
Finger, der, Kap. 18
Flasche, die, Kap. 15
fluchen, Kap. 15
Flugzeug, das, Kap. 14
folgender, Kap. 19
fort, Kap. 22
Foto, das, Kap. 2
Frage, die, Kap. 10
fragen, Kap. 10
Frau, die, Kap. 2
frei, Kap. 4
Freibad, das, Kap. 10
Freitag, der, Kap. 10
Freizeit, die, Kap. 10
fremd, Kap. 17
Freude, die, Kap. 18
freuen, Kap. 20
Freund, der, Kap. 4
freundlich, Kap. 16
fröhlich, Kap. 20
Frosch, der, Kap. 12
früh, Kap. 20
früher, Kap. 8
funktionieren, Kap. 15
für, Kap. 2
furchtbar, Kap. 20
Fuß, der, Kap. 11
Fußball, der, Kap. 8

G

Gabel, die, Kap. 21
ganz, Kap. 9
gar nicht, Kap. 4
Garage, die, Kap. 16
Garten, der, Kap. 12
Gast, der, Kap. 21
geben, Kap. 5
Gebrauch, der, Kap. 15
gebrauchen, Kap. 15
Geburtstag, der, Kap. 12
Gedächtnis, das, Kap. 22
gefallen, Kap. 14
gegen, Kap. 10
gegnerisch, Kap. 17
gehen, Kap. 3
gehören, Kap. 9
Geige, die, Kap. 8
gelb, Kap. 14
Geld, Kap. 7
gelingen, Kap. 18
gemütlich, Kap. 19
genau, Kap. 18
genug, Kap. 4
gerade, Kap. 18
Gerät, das, Kap. 15
geraten, Kap. 12
gern, Kap. 1
Geschäft, das, Kap. 20
Geschenk, das, Kap. 7
Geschichte, die, Kap. 22
Geschrei, das, Kap. 11
Geschwister, die, Kap. 7
Gesicht, das, Kap. 14
gestern, Kap. 10
gewinnen, Kap. 10
giftig, Kap. 9
Gitarre, die, Kap. 16
Glas, das, Kap. 9
glauben, Kap. 9
gleich, Kap. 4
gleichzeitig, Kap. 19
Glück, das, Kap. 8
glücklich, Kap. 14
Glückwunsch, der, Kap. 16
greifen, Kap. 15
groß, Kap. 2
grün, Kap. 1
Gruppe, die, Kap. 22
Gruß, der, Kap. 14
gucken, Kap. 11
gültig, Kap. 17
gut, Kap. 3

H

haben, Kap. 4
halb, Kap. 14
Hals, der, Kap. 15
Hamster, der, Kap. 13
Hand, die, Kap. 17
hängen, Kap. 2
häufig, Kap. 12
Hauptsache, die, Kap. 21
Haus, das, Kap. 2
Hausaufgaben, die, Kap. 4
Heft, das, Kap. 19
Heimat, die, Kap. 14
heißen, Kap. 2
Heizung, die, Kap. 9
helfen, Kap. 11
hell, Kap. 15
her, Kap. 8
heraus, Kap. 15
Herr, der, Kap. 1
herrlich, Kap. 14
herzlich, Kap. 5
heute, Kap. 5
hier, Kap. 3
Hilfe, die, Kap. 11
Himmelbett, das, Kap. 13
hin, Kap. 16
hinauf, Kap. 10
hinein, Kap. 13
hineinspringen, Kap. 17
hinten, Kap. 1
hinzufügen, Kap. 21
hoch, Kap. 19
hoffen, Kap. 18
hoffentlich, Kap. 5
holen, Kap. 3
hören, Kap. 8
Hose, die, Kap. 6
hübsch, Kap. 6
humpeln, Kap. 13
Hund, der, Kap. 1
Hunger, der, Kap. 3

I

Idee, die, Kap. 7
immer, Kap. 3
in, Kap. 2
informieren, Kap. 9
innerhalb, Kap. 17
Insel, die, Kap. 12
insgesamt, Kap. 19
international, Kap. 21
irgendein, Kap. 22
Irgendwie, Kap. 10

J

Jahr, das, Kap. 17
Jeansjacke, die, Kap. 8
jeder, Kap. 4
jemand, Kap. 12
jetzt, Kap. 3
Jugend, die, Kap. 16
Jugendliche, der, Kap. 14
jung, Kap. 11
Junge, der, Kap. 2

K

kalt, Kap. 10
Kamel, das, Kap. 22
Kanarienvogel, der, Kap. 13
Karte, die, Kap. 16
Kartoffelschale, die, Kap. 9
Käse, der, Kap. 21
Kasse, die, Kap. 6
Kassette, die, Kap. 19
Kassierer, der, Kap. 7
Katze, die, Kap. 13
kaufen, Kap. 6
Kaufhaus, das, Kap. 7
kaum, Kap. 8
kein, Kap. 4
Keller, der, Kap. 15
kennen, Kap. 17
kennenlernen, Kap. 14
Kerze, die, Kap. 20
Kind, das, Kap. 11
Kino, das, Kap. 10
Kippe, die, Kap. 9
Kirsche, die, Kap. 21
Kiste, die, Kap. 19
klar, Kap. 8
Kläranlage, die, Kap. 9
Klasse, die, Kap. 4
Klavier, das, Kap. 10
Klebeband, das, Kap. 15
Kleber, der, Kap. 19
Kleid, das, Kap. 2
klein, Kap. 2
kochen, Kap. 21
Koffer, der, Kap. 2
komisch, Kap. 15
kommen, Kap. 3
Kommissar, der, Kap. 12
Komposthaufen, der, Kap. 9
können, Kap. 5
Konzert, das, Kap. 16
Kopf, der, Kap. 17
Körperteil, das, Kap. 17
kosten, Kap. 15
Krach, der, Kap. 15
Krankenhaus, das, Kap. 11
Küche, die, Kap. 5
Kugelschreiber, der, Kap. 7
Kummerkasten, der, Kap. 18
kurz, Kap. 6
Kuscheltier, das, Kap. 2
küssen, Kap. 12

WÖRTERLISTE

L

lachen, Kap. 12
Land, das, Kap. 7
lange, Kap. 9
langsam, Kap. 11
langweilig, Kap. 10
lassen, Kap. 11
laufen, Kap. 12
laut, Kap. 16
leben, Kap. 20
lecker, Kap. 21
leer, Kap. 15
legen, Kap. 2
Lehre, die, Kap. 4
Lehrer, der, Kap. 14
leicht, Kap. 10
leid, Kap. 12
leider, Kap. 10
leihen, Kap. 17
Lektüre, die, Kap. 22
lernen, Kap. 4
lesen, Kap. 11
letzter, Kap. 18
Leute, die, Kap. 11
Licht, das, Kap. 11
liebe, Kap. 14
lieber, Kap. 10
liebhaben, Kap. 19
Lied, das, Kap. 5
liegen, Kap. 15
Limonade, die, Kap. 15
Linie, die, Kap. 17
Lippe, die, Kap. 6
Lippenstift, der, Kap. 6
los, Kap. 5
Lösung, die, Kap. 9
Luft, die, Kap. 9
Lust, die, Kap. 16
lustig, Kap. 7

M

machen, Kap. 4
Mädchen, das, Kap. 5
man, Kap. 2
mancher, Kap. 9
manchmal, Kap. 8
Mann, der, Kap. 14
Mannschaft, die, Kap. 17
Mantel, der, Kap. 2
Märchen, das, Kap. 22
Mark, die, Kap. 7
Mathematik, die, Kap. 4
Matsch, der, Kap. 20
Maus, die, Kap. 12
Meer, das, Kap. 14
Mehl, das, Kap. 21
mehr, Kap. 4
meinen, Kap. 1
Meinung, die, Kap. 17
meistens, Kap. 10
melden, Kap. 18
Mensch, der, Kap. 20
Messer, das, Kap. 21
Meter, der, Kap. 19
Milch, die, Kap. 21
Millionär, der, Kap. 19
mindestens, Kap. 16
Mineralwasser, das, Kap. 15
Minute, die, Kap. 15
Mist, der, Kap. 11
mit, Kap. 5
mitbringen, Kap. 7
mitkommen, Kap. 16
mitmachen, Kap. 9
mitnehmen, Kap. 19
mitspielen, Kap. 22
Mittagessen, das, Kap. 8
mittags, Kap. 18
Mitte, die, Kap. 17
mitten, Kap. 20
Mittwoch, der, Kap. 4
Möbel, die, Kap. 19
möchten, Kap. 5
modern, Kap. 16
mögen, Kap. 18
möglichst, Kap. 16
Morgen, der, Kap. 3
morgens, Kap. 11
müde, Kap. 3
Musik, die, Kap. 10
Musiker, der, Kap. 16
musizieren, Kap. 16
Muskel, der, Kap. 17
müssen, Kap. 3
Mutter, die, Kap. 2
Mütze, die, Kap. 2

N

nach, Kap. 3
Nachbar, der, Kap. 16
nachdem, Kap. 17
nachdenken, Kap. 18
Nachmittag, der, Kap. 4
nachmittags, Kap. 8
Nachricht, die, Kap. 22
nächster, Kap. 7
Nacht, die, Kap. 3
nachts, Kap. 13
nähen, Kap. 13
Name, der, Kap. 7
nämlich, Kap. 5
Nase, die, Kap. 8
naß, Kap. 10
natürlich, Kap. 5
neben, Kap. 8
nehmen, Kap. 11
nein, Kap. 1
nennen, Kap. 18
nervös, Kap. 16
nett, Kap. 14
neu, Kap. 9
nicht, Kap. 2
nichts, Kap. 4
nie, Kap. 8
niemals, Kap. 17
noch, Kap. 2
Note, die, Kap. 18
November, der, Kap. 20
Nudel, die, Kap. 21
nun, Kap. 4
nur, Kap. 4

O

ob, Kap. 19
Ober, der, Kap. 21
oberer, Kap. 15
obwohl, Kap. 17
oder, Kap. 4
Ofen, der, Kap. 21
offen, Kap. 15
öffnen, Kap. 15
Öffnung, die, Kap. 15
oft, Kap. 8
ohne, Kap. 7
Ohr, das, Kap. 22
Oma, die, Kap. 6
Onkel, der, Kap. 8
Opa, der, Kap. 8
Operation, die, Kap. 13
paar, Kap. 11
packen, Kap. 22

P

Palast, der, Kap. 14
Papier, das, Kap. 9
Parfüm, das, Kap. 20
Park, der, Kap. 13
Parterre, die, Kap. 7
passen, Kap. 6
passieren, Kap. 21
Pause, die, Kap. 17
Pech, das, Kap. 11
Person, die, Kap. 21
Pfanne, die, Kap. 21
Pflanzenrest, der, Kap. 9
Pfote, die, Kap. 13
Pfund, das, Kap. 7
phantastisch, Kap. 14
Physik, die, Kap. 18
Plakat, das, Kap. 9
Plan, der, Kap. 14
planen, Kap. 17
Platz, der, Kap. 11
plötzlich, Kap. 17
Polizei, die, Kap. 11
Polizist, der, Kap. 11
Post, die, Kap. 1
Praxis, die, Kap. 13
Preis, der, Kap. 16
proben, Kap. 16
probieren, Kap. 5
Problem, das, Kap. 16
Pulli, der, Kap. 6
Punkt, der, Kap. 17

R

Rad, das, Kap. 17
radfahren, Kap. 9
Radio, das, Kap. 12
Radweg, der, Kap. 11
rasieren, Kap. 6
raten, Kap. 11
Raucher, der, Kap. 9
Raum, der, Kap. 16
Rechnung, die, Kap. 6
rechts, Kap. 18
reden, Kap. 18
Regal, das, Kap. 19
Reise, die, Kap. 7
rennen, Kap. 13
Reparatur, die, Kap. 12
reparieren, Kap. 12
Reporter, der, Kap. 16
Reserve, die, Kap. 19
Rest, der, Kap. 21
Restaurant, das, Kap. 21
richtig, Kap. 7
riechen, Kap. 5
Rind, das, Kap. 12
Rock, der, Kap. 6
Rolle, die, Kap. 19
Roman, der, Kap. 22
Rose, die, Kap. 2
rot, Kap. 6
Rücken, der, Kap. 13
Rückseite, die, Kap. 15
rufen, Kap. 16
Ruhe, die, Kap. 8

S

Sache, die, Kap. 9
sagen, Kap. 2
Sahne, die, Kap. 5
Salat, der, Kap. 21
Salbe, die, Kap. 13
Salz, das, Kap. 21
Samstag, der, Kap. 8
Sängerin, die, Kap. 16

Sarg, der, Kap. 19
Satz, der, Kap. 22
sauber, Kap. 9
sauer, Kap. 20
Schach, das, Kap. 17
schade, Kap. 7
schaffen, Kap. 17
Schaufenster, das, Kap. 20
Scheibe, die, Kap. 21
scheinen, Kap. 10
schenken, Kap. 20
schick, Kap. 8
schieben, Kap. 19
Schild, das, Kap. 11
Schinken, der, Kap. 21
schlafen, Kap. 8
schlagen, Kap. 17
Schlagzeug, das, Kap. 16
schlecht, Kap. 17
schließen, Kap. 13
schlimm, Kap. 18
Schlips, der, Kap. 20
schmal, Kap. 11
schmecken, Kap. 21
schmeißen, Kap. 19
Schmutz, der, Kap. 13
Schnee, der, Kap. 13
schneien, Kap. 13
schnell, Kap. 6
schon, Kap. 3
schön, Kap. 4
Schornstein, der, Kap. 9
Schrank, der, Kap. 2
schrecklich, Kap. 19
schreiben, Kap. 9
Schreibtisch, der, Kap. 15
Schuh, der, Kap. 13
Schule, die, Kap. 1
Schüler, der, Kap. 4
Schüssel, die, Kap. 21
schwach, Kap. 11
schwarz, Kap. 19
Schwebebahn, die, Kap. 1
schweben, Kap. 4
Schweinerei, die, Kap. 9
schwer, Kap. 18
Schwester, die, Kap. 6
schwimmen, Kap. 10
See, der, Kap. 8
sehen, Kap. 3
sehr, Kap. 3
seit, Kap. 16
Seite, die, Kap. 17
Sekunde, die, Kap. 9
selber, Kap. 2
selbst, Kap. 9
Sendung, die, Kap. 12
Sessel, der, Kap. 2
setzen, Kap. 21
Sieger, der, Kap. 16
singen, Kap. 13
sitzen, Kap. 1
so, Kap. 2
sofort, Kap. 8
sogar, Kap. 7
solange, Kap. 17
solche, Kap. 22
sollen, Kap. 2
Sommerferien, die, Kap. 3
sondern, Kap. 7
Sonne, die, Kap. 10
Sonntag, der, Kap. 8
sonst, Kap. 10
sorgen, Kap. 16
soviel, Kap. 12
sowieso, Kap. 10
Spaghetti, die, Kap. 3
spannend, Kap. 17
sparen, Kap. 11
Spaß, der, Kap. 7
spät, Kap. 10
Speisekarte, die, Kap. 21
Spiel, das, Kap. 8
spielen, Kap. 10
Spieler, der, Kap. 17
Spielregel, die, Kap. 17
Spielzeugauto, das, Kap. 19
spinnen, Kap. 19
Sport, der, Kap. 17
Sportverein, der, Kap. 17
sprechen, Kap. 7
springen, Kap. 15
Sprung, der, Kap. 15
spülen, Kap. 8
Stadt, die, Kap. 6
ständig, Kap. 8
stapeln, Kap. 19
stark, Kap. 14
stecken, Kap. 19
stehen, Kap. 6
steil, Kap. 17
stellen, Kap. 2
Stereoanlage, die, Kap. 15
still, Kap. 15
stimmen, Kap. 7
Stimmung, die, Kap. 16
stinken, Kap. 11
Stock, der, Kap. 7
Stockwerk, das, Kap. 7
stolz, Kap. 16
stoppen, Kap. 11
stören, Kap. 18
Straße, die, Kap. 11
Straßenbahn, die, Kap. 11
Strecke, die, Kap. 17
strecken, Kap. 13
streicheln, Kap. 19
Streit, der, Kap. 8
streiten, Kap. 7
Stück, das, Kap. 16
Stuhl, der, Kap. 3
Stunde, die, Kap. 14
Stundenplan, der, Kap. 4
suchen, Kap. 12
südlich, Kap. 16
Supermarkt, der, Kap. 5
Suppe, die, Kap. 21
süß, Kap. 21

T

Tag, der, Kap. 1
Tannenbaum, der, Kap. 20
Tapete, die, Kap. 19
tapezieren, Kap. 19
Tasche, die, Kap. 2
tauchen, Kap. 17
tauschen, Kap. 7
Tee, der, Kap. 14
Teig, der, Kap. 5
teilnehmen, Kap. 16
Teller, der, Kap. 3
Tennis, das, Kap. 10
teuer, Kap. 7
Text, der, Kap. 19
Thema, das, Kap. 22
tief, Kap. 17
Tierarzt, der, Kap. 13
Tip, der, Kap. 6
Tisch, der, Kap. 2
Toilette, die, Kap. 8
toll, Kap. 4
Tonne, die, Kap. 9
Tor, das, Kap. 17
Torwart, der, Kap. 17
Tour, die, Kap. 17
tragen, Kap. 2
transportieren, Kap. 22
Traum, der, Kap. 12
träumen, Kap. 18
treffen, Kap. 14
Treffer, der, Kap. 17
trinken, Kap. 7
trocken, Kap. 10
Trompete, die, Kap. 16
tun, Kap. 11
Tür, die, Kap. 19
Turm, der, Kap. 1

U

üben, Kap. 8
über, Kap. 4
überflüssig, Kap. 11
überhaupt, Kap. 7
überlegen, Kap. 18
überraschen, Kap. 21
Überraschung, die, Kap. 5
übrig, Kap. 5
übrigens, Kap. 21
Uhr, die, Kap. 3
Uhrzeit, die, Kap. 15
um, Kap. 3
umsteigen, Kap. 14
umstoßen, Kap. 21
umtauschen, Kap. 7
Umwelt, die, Kap. 9
Umweltverschmutzung, die, Kap. 9
und, Kap. 1
unfair, Kap. 17
unheimlich, Kap. 17
Unsinn, der, Kap. 12
unten, Kap. 7
unter, Kap. 14
unterer, Kap. 15
Unterricht, der, Kap. 18
unterwegs, Kap. 14

V

Vater, der, Kap. 1
Verband, der, Kap. 13
verbieten, Kap. 9
verbinden, Kap. 13
vergessen, Kap. 5
Vergnügen, das, Kap. 22
verkaufen, Kap. 16
Verkäuferin, die, Kap. 13
Verkehr, der, Kap. 11
Verkehrs-zeichen, das, Kap. 11
Verlängerung, die, Kap. 17
verlieren, Kap. 10
verpassen, Kap. 10
verreisen, Kap. 22
verrückt, Kap. 11
verrühren, Kap. 21
verschenken, Kap. 12
verschwinden, Kap. 9
verstehen, Kap. 4
Verwandte, die, Kap. 8
Verzeihung, die, Kap. 19
viel, Kap. 4
vielleicht, Kap. 7
vier, Kap. 4
viertel, Kap. 15
Viertelstunde, die, Kap. 13
Vogel, der, Kap. 15
voll, Kap. 9
völlig, Kap. 16
von, Kap. 1
vor, Kap. 5
vorbei, Kap. 13
vorbereiten, Kap. 5
vorher, Kap. 16
vorige, Kap. 15
vorlesen, Kap. 18
Vormittag, der, Kap. 20
vorn, Kap. 1
Vorschlag, der, Kap. 9

BILDQUELLEN

7 medienzentrum Wuppertal o. und u.r., Foto: Gerd Neumann; Internationales Bildarchiv Horst von Irmer u.l.
18 Internationales Bildarchiv Horst von Irmer o.l.; Britische Zentrale für Fremdenverkehr o.r.; medienzentrum Wuppertal u.
20/21/25 Internationales Bildarchiv Horst von Irmer
26 Deutsche Bundesbank
28 Deutsche Bundesbank; photo-report, H. Reiss, Bonn (Franc); Barclays Bank (Pfund)
29 Deutsche Bank AG, Foto: Carola Lachmann
30 medienzentrum Wuppertal, Foto: Antje Zeis-La
31 Internationales Bildarchiv Horst von Irmer
32 Archiv für Kunst und Geschichte
36/37 Internationales Bildarchiv Horst von Irmer
38 Internationales Bildarchiv Horst von Irmer; IVB-Report u.l.
39 medienzentrum Wuppertal
40/ 41 amnesty international; Malteser Hilfsdienst; Deutscher Sportbund
42 Kommunikation & Marketing Volker Stoltz GmbH
46 IVB-Report
47 IVB-Report; Merten u.r.
48 WDR
50 Archiv für Kunst und Geschichte o.; EMI Electrola u.
51 Internationales Bildarchiv Horst von Irmer
55 Weisgerber
56 Finnische Zentrale für Tourismus, Foto: Timo Nieminen l.; Ägyptisches Fremdenverkehrsamt M.; Britische Zentrale für Fremdenverkehr r.
57 medienzentrum Wuppertal o.M.; Deutsche Bundesbahn o.r.; Britische Zentrale für Fremdenverkehrsamt u.
59 Britische Zentrale für Fremdenverkehrsamt
62 Andreas Hartmann, Hildesheim
64 aus: dtv-Atlas zur Musik, Band 1. © 1977 Deutscher Taschenbuchverlag, München o.; Keystone u.
69 Internationales Bildarchiv Horst von Irmer o.r.; Zeichnungen aus: Emma Fischel: Trainingsbuch Schwimmen und Springen. © 1990 ars edition, München
71 Presse- und Informationsamt Solingen
77 Internationales Bildarchiv Horst von Irmer
78 von oben nach unten: Bavaria, Foto: Dr. Blume-Firla; Anthony, Foto: Burbeck; Bavaria, Foto: George French; Anthony, Foto: N. Fischer
81 Jürgen Christ, Köln
82 parma, Bielefeld
85 CMA l.; Internationales Bildarchiv Horst von Irmer r.
86 Internationales Bildarchiv Horst von Irmer
89 Internationales Bildarchiv Horst von Irmer o.l.; © 1992 Quipos/Distr. Bulls o.M.; Otto Speckter (1807-1871) o.r.; JUMA, Köln, M. und u.l.
90 Peter Knorr: Spiel mit 6 Kamelen. Aus: Der Bunte Hund Nr. 11. Beltz Verlag, Weinheim und Basel 1985. Programm Beltz & Gelberg, Weinheim

Umschlaggestaltung: Horst Krückemeier; Fotos: Weisgerber 1.; Bavaria, Foto: HL r.; Kneidinger o.; Bavaria, Foto: Lauter u.

TEXTQUELLEN

63 aus: Peter Wucherpfennig: Energie-Werkbuch. © 1988 Rowohlt Taschenbuch Verlag GmbH
69 aus: Emma Fischel: Traininigsbuch Schwimmen und Springen. © 1990 ars edition, München
78 Christine Frick-Gerke: Bücher kann man lesen. Aus: Die Erde ist mein Haus. Achtes Jahrbuch der Kinderliteratur. Hrsg. von Hans-Joachim Gelberg. Beltz Verlag, Weinheim u. Basel 1988. Programm Beltz & Gelberg, Weinheim
90 Peter Knorr: Spiel mit 6 Kamelen. Aus: Der Bunte Hund Nr. 11. Beltz Verlag, Weinheim und Basel 1985. Programm Beltz & Gelberg, Weinheim